新時代における心身の癒し方

「からだ」という神様

はじめに　からだの声に耳をすませば人生が変わる

「最近、どうも体調がすぐれない。風邪も治りにくい」

「眠りが浅くて夜中に何度も起きてしまう。疲れが全然取れない」

「腰や足の慢性痛がつらい。人に会うのも、出かけるのも億劫」

「がんや糖尿病……、他人事《ひとごと》じゃないよなぁ」


多かれ少なかれ、現代人はからだに関して、なんらかの悩みや不安を抱えています。

「私は元気いっぱいです」という人のほうがめずらしいような社会です。

その不自然さ、気になりませんか？

わが国は平和です。清潔で飢餓《きが》もありません。西洋から入った医学知識で、命にかかわるような恐ろしい感染症に怯えることも少なくなり、寿命をどんどん延ばしてきました。

本来なら、健やかに、安らかに暮らしていけるはずのわが国で、これほどまでにからだの不調に悩まされるのは、やっぱり何かがズレていておかしいのです。

はじめに

もう従来の医療だけでは限界点に達しています。我々はもっと新しい視点を加えて、「病の源《みなもと》」を追究していかなければならないのです。

では、「病の源」を知っているのは誰か?

現状では、残念ながらそれは医師ではありません。

それを知っているのはただひとり、あなた自身であり、あなたの「からだ」です。正確には、あなたの魂が叫んでいるなんらかの不具合を、からだという神様が代弁してくれているのです。

からだは、その不具合の改善策をすでに知っています。私たちは、その方法をからだから聞き出すだけでよいのです。

そこで本書では、物理学者、医学者、次世代の癒しを追究したメディカル・ダイアモンドの専門家が集結し、からだの声をきちんと理解し、本当の癒しを手に入れるための具体策をお伝えすることにいたりました。

本書を通じ、健全なからだと魂を取り戻すお手伝いができれば、と祈ります。

志の会(保江邦夫/矢作直樹/迫 恭一郎)

もくじ

「からだ」という神様

第2章 「癒しの意識」と「医療」はどのように変わるのか 矢作直樹

第3章 「光」がエネルギーを変える、人を変える 迫 恭一郎

第4章 スペシャル対談（保江邦夫×矢作直樹×迫恭一郎）

第1章 新時代、命を輝かせて生きる

保江邦夫

「あの世」と「この世」の境が消える時代

日本は、国家の象徴である天皇陛下の譲位が無事に行われ、輝かしい『令和』の時代を迎えました。

２０１９年5月1日というのは、宇宙的に見ても、すばらしいタイミングだったといえます。「世のなかはこれからどんどんよくなっていくだろう」と、多くの方が前向きで、明るい希望を感じたのではないでしょうか。

天皇が代わるというのは、日本にとってはもちろんですが、実は世界にとっても重要な出来事です。目に見えない次元で、宇宙の強力なサポートがあって、あらゆることが滞りなく進んできています。

私たちは今まさに、宇宙規模の大きな変革期を迎えています。

地球自身がアセンションのプロセスを着実に進んでいくなか、何もかもが変わっていき、これまでと同じというわけにはいかないでしょう。それこそ、一人ひとりが目醒めて生き方を変えていかないと、新しい時代の波に乗るどころか、逆に飲み込まれてしまう状況が目の前に迫っている、ともいわれています。

もしあなたが、本当の愛と調和の取れた道を歩むと決めたのなら、今後、地球とともに進化し、飛躍していくことが可能です。

なぜなら、**これからは個人個人の意識の違い、放っている周波数の違いで、宇宙の強力なサポートを得られるかどうかが変わり、願望実現までの道が決まる**のです。

今までより「意識ひとつで運命が変わってくる」、この事実がより顕著に表れてきます。


これからはいよいよ霊的な感性、すなわち「霊性」が高まる時代となります。

長い間、「あの世」と「この世」は硬い壁によって明確に分けられていましたが、今は2つの世界を隔てていた壁が急激に薄くなっていて、次元の境界線がほとんどなくなりつつあるのです。

私たちはこの肉体を持ったまま、2つの世界を簡単に行き来できるようになります。

行き来、といっても別に臨死体験をするわけではありません。

あの世の影響がこの世におよびやすくなり、逆に、この世の影響もあの世におよびやすくなる、ということです。

そして、それは私たちがもっとも関心のある、「健康」という分野にも大きくかかわってくることになります。

従来どおり肉体だけをケアするのではなく、あの世の側にあり、我々のベースである「霊体」のことも考えたトータルケアをしていかないと、バランスが崩れた途端、からだのどこかしらに不調をきたすことになるのです。

霊体の働きが弱まると心身の不調が現れる

どんなに過酷な環境のなかでも、我々の祖先は、柔軟に適応して生き延びてきたわけですが、これほどまで多大なストレスを抱えた社会というのは、人類史上はじめてのこと。その証拠に、この時代の病気の多さといったら、尋常ではありません。多くの人が、本来の生命力、治癒力が働かず、常に心身の不調に悩まされていますし、ストレスから逃れられずにいます。

私たちはからだに不調が現れることを病気として認識していますが、実は、肉体に症状が現れるよりもはるか前に、目に見えない次元で不調の兆《きざ》しが現れはじめます。

そもそも肉体と魂の関係は魂が主であり、「霊主体従」です。私たちの心身だけでなく、すべての物質の成り立ちがそうなっているのです。

人間の主体というのは、完全調和の世界、「あの世」の側にあります。想念、記憶、意識を司る霊魂（魂）は、あの世に属し、すべて一体です。

さらに、その霊魂の意思のもと、あの世の側に霊体が作られ、その霊体がもとになり私たちは存在しています。

「この世」の肉体はあの世の霊体に付随しているものであって、霊体に肉体が宿っている、というのが真実です。その仕組みについては、後ほどくわしくお伝えします。

心身の調和が取れた健康的な状態を維持し、充実した人生を送るうえでも、あの世とこの世の両方を見ながらケアしていくことが非常に重要です。

たとえば、さまざまな不調は、人間の主体である霊体の働きが弱まってくることで心身に現れはじめます。それが続くと、からだはその部分の生命活動を維持することが困難になり、病気という形が現れるのです。

たとえば、がんを発症したからだというのは、一部の細胞に、本来の設計図にはなかった物質の原子や分子が入り込んでしまい、ＤＮＡが変形してがん化している状態です。

もとの健康状態に戻すには、まず間違って入ってきた原子や分子を外に出して、本来のあるべき原子や分子と入れ替えなければなりません。

一般の治療は、がん化した細胞の物質の分子を、抗がん剤という薬物の分子で叩いたり、放射線という素粒子で叩いたりして本来の細胞の状態に戻そうとする考え方が基本です。

このやり方で、表面的によくなったように見えても、大もとの霊体の働きが弱っているので、肉体の状態を完全に戻すことは至難です。

したがって、がん化した細胞の不要な物質を叩き出すことに成功したとしても、時間が経てばまた本来の機能が鈍っている細胞に、厄介者が入ってきてしまいます。ふたたび体調が悪くなったり、がんが再発したりというパターンがくり返されることになります。

からだの不調や病気を治すには、先に霊体の状態をもとに戻してやることが非常に重要なのです。

心身のあらゆる不調を改善するためには、ベースである霊体のほうを整えること、弱っている霊体をよみがえらせること、本来の状態に戻すことを優先すべきなのです。

霊体に働きかけることができれば、からだは設計図どおりに働いて、細胞に所定の物質しか存在しなくなり、本来の治癒力や生命力がよみがえってきます。あらゆる病気がおのずと治っていくはずです。

なぜ、「祈り」で病気が早く治るのか？

ハワイ大学とハワイ州立病院の共同研究で、ある調査が行われました。

同じ種類の病気で入院している１００人の患者さんを50人ずつに分けて、ＡとＢの２つのグループを作りました。

Ａグループの50人には特に何もせずに、普通に生活してもらいます。

一方、Ｂグループに関しては、50人の名前を書いたリストを作り、世界中の仏教のお坊さん、キリスト教の神父、牧師、シスター、ハワイの『ホ・オポノポノ』の祈祷師、アメリカの先住民族の祈祷師などに渡して、「この人たちのために祈ってください」と依頼しました。

その際、病気についてはもちろんのこと、リストの彼らがどういう人物であるかをいっさい明かさずに、ただ名前だけを情報として伝えたそうです。

被験者のほうにも、「祈ってもらっている」という事実は伝えません。

この状態をしばらく続け、病院では100人全員に通常の治療をしていきました。

その結果、祈ってもらったBグループの50人のほうが、Aグループの50人よりはるかに早く病気が回復したのです。


もうおわかりですね。これは、「祈り」が我々の現実世界にどのような作用を及ぼすのか、という実験です。

この研究結果は、アメリカのもっとも権威ある医学雑誌である『The New England Journal of Medicine』において、論文として発表されたのですが、大いに物議を醸しました。

しかし結果は明解で、**祈りをきちんとあの世の側へ届けると、我々の肉体が現実的に変化する**ということを示した事実として、評価せざるを得ません。

ときおり、薬効をもたない物質や事象によって、投薬したかのような現象（プラセボ効果）を起こす人がいますが、それはあくまでも本人に、「これをしたら治る」という情報が入っていないと生じることはありません。

先ほどの実験の場合、被験者は「見知らぬ誰かによって祈られている」ということをまったく知らされていなかったのですから、やはり祈りによる効果と認めるしかありませんでした。

祈りが直接肉体に何かしたわけではなく、祈ることで愛のエネルギーが生じ、その純粋なエネルギーが、被験者のあの世の側にある霊体の状態を調整し、癒しているのです。

我々の主体は霊体なので、霊体が癒されていくと、必然的にこの世の側の肉体にも変化が現れてくるのです。

このように、祈りの力は確かな効果が出ている。それを評価できないというのは、現代医学や科学の限界といえます。

こうした実験でもわかるように、**目に見えづらいエネルギーというものが存在していて、私たちは普段から自分が発するエネルギーを、常にあの世の側に届けては再び**

受け取っています。ですが、大抵の人はその事実に気づいていません。

祈りとはまさに、この世の側からあの世の側へ働きかける行為であり、私たちが普段無意識下で行っていることを、意識下で行う、というだけのことなのです。

先ほどからお伝えしていますが、これからの医療は西洋医療だけにこだわりを持つのではなく、あの世の霊体とこの世の肉体をトータルケアしていく心がけが大事です。

先ほどのような「祈り」といったことをお話しすると、祈りを宗教と結びつける人がいて、「作法がよくわかりません」とおっしゃる方がいます。しかし、そういうことではなく、祈りとは愛であり、感謝です。

むずかしい作法など関係なく、心からの愛と感謝を発するだけで、自然とこの世からあの世に染み出ていきます。

これからの癒しとは、自らを愛と感謝で保護していくということに尽きるのです。

物理学から見た「あの世」と「この世」の仕組み

「あの世に働きかける」というお話をすると、よく「でも、あの世はどこにあるのでしょうか？」という質問を受けます。

そこで、この場をお借りしてあの世とこの世の仕組みを、物理学の観点から簡単にご説明したいと思います。

我々が今生きている空間は、3次元の泡のようなものが集まった世界です。

テレビや写真が小さなドット（点）の集まりであることはご存知ですね。顕微鏡を使えば、その小さなドットを確認することができます。

しかし、少し離れたところから見ると、テレビや写真の風景が、小さなドットで構成されている映像や画像だとは気がつきません。全体が自然に一体化していて、ドットを確認することすら困難でしょう。

●人間は
霊体と肉体で
できている

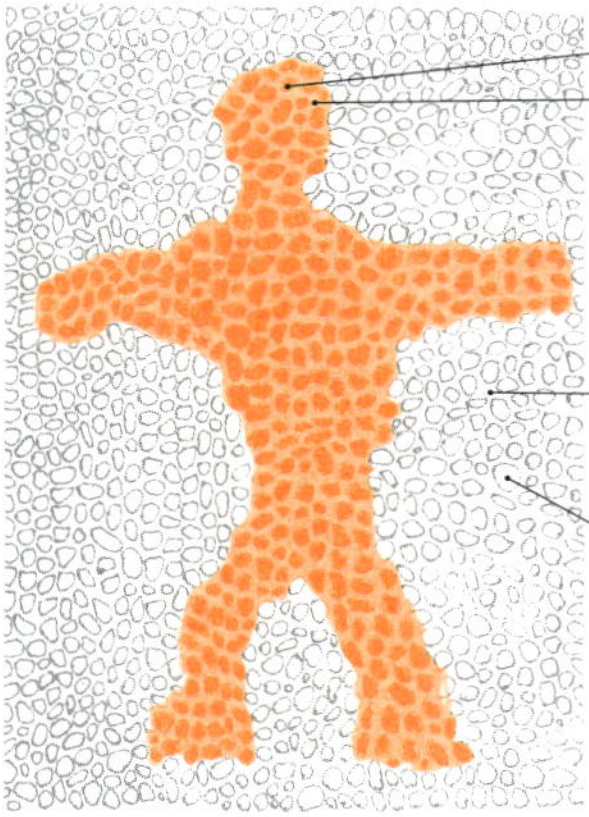

この世の仕組みも同じで、私たちは全体を俯瞰しているから、この世が驚くほど小さな泡の集まりで構成された世界だとは認識していません。実際は、すべての物質をそのなかに入れる空間が、小さな泡の集まりなのです。

その泡のことを物理学では「素領域」と呼びます。

素領域はちょうど、ビールの泡のように、それぞれが密着しているような状態になっています。さらに、認識できない４次元の泡、５次元の泡の世界もあって、それらも３次元と同様のこの世になります。

その泡（素領域）のなかに、この世の物質の最小構成要素である「素粒子」が集まりいろいろな物質や空間ができています。

素粒子にはいくつかの種類があり、どんなモノを構成するかにより、素粒子の組み合わせは変化していきます。この世に存在するモノの違いは、素粒子の組み合わせの違いでしかないのです。

では、あの世はどこにあるのでしょうか。

次元という概念を離れた無限の世界であるあの世ですが、それは遠いところにはありません。

ビールの泡でいうところの気泡以外の白い部分、つまり、素領域という泡と泡の隙間が複雑に連なったスポンジのような部分のすべてがあの世なのです。その世界は完全調和であり、宇宙、愛、霊魂、神といったさまざまな名を持ちます。

さらに、集合的無意識と理解されたり、ワンネスの意識と呼ばれたりしていますが、それぞれの解釈で話しているだけで、すべて完全調和のあの世のことを指しています。

あの世はこの世のすぐ隣に存在していて、この世はまるで保護されるかのごとくあの世に包まれています。

すべての物質と空間が作られるプロセスは、**まずあの世の側に空間のひな型に応じ**

て素領域が集められます。それが私たちの宇宙を張る空間に他なりません。

集まった素領域それぞれに物質を作るために必要な素粒子が集まり、私たちのからだなどを作るための組み合わせに変化していきます。これが一連の流れです。

ですから、この世に存在しているすべての物質や空間は、あの世のひな型がベースとなっていて、それは私たち人間についても同じなのです。

先ほどから出てきていた霊体とは、あの世に作られた素領域の集合体を包んでいるスポンジのような完全調和の部分、つまりひな型のことです。

私たちは霊体と肉体の２つからできている、ということをご理解いただけたでしょうか。

誰もが目醒める変革のとき

この世とあの世の壁が薄くなるとは、素領域の外側にある壁が薄くなる、ということです。壁が薄くなり、素領域を包んでいる完全調和のあの世からの影響が、この世である素領域に瞬時におよぶ時代です。

世のなかには、生まれながらに霊的な感性の鋭い人、実践的なメソッドによってチャネリング能力を開発された人など、高次元宇宙から直接メッセージを受け取れる人がいます。

すでに目に見えない世界を理解し、柔軟にかかわっている人は、今後さらに霊的な力が働きやすくなるでしょう。あの世とこの世をつなぐパイプ役を担う機会が増えてくるかもしれません。

また、生来の霊的な感受性がなかった方でも、なんらかのきっかけで目を醒ますことにより、能力が開けていくことがあります。

悶々《もんもん》と悩み続ける深刻な問題を経験したり、生死の境をさまようような体験から深い気づきを得て、生き方や考え方を大きくシフトさせることもあります。

そのようなことがきっかけで、あの世とコネクトする力が芽生えてくる方も、最近増えていると感じます。

あの世にいらっしゃるご先祖様に感謝の思いを向けることで、純粋な愛が循環して、見えない次元からの応援やサポートを得ることがたやすくなります。多くの人が、神の存在をますます感じやすくなるでしょう。

今までの地球では、悟りを開くことには長い時間をかけてきびしい修行を続け、意識レベルを上げることができてようやくという感じでした。

でもこれからは、**何の修行もなしに高い境地に到達したり、直観が優れてパフォーマンスが向上したり、これまでの常識ではありえないことが、あたり前に起こってくるようになる**と思います。

特別な力のある人に限らず、**すべての人が才能を開花させていく時代**になるでしょう。

生命エネルギーの存在と医療

医療従事者にかんしても、今までとは少し違った観点から「肉体と癒し」について見つめられる人が増えてくると思います。

私は15年ほど前にがんを患い、このことを真剣に探究した時期があります。

かつて地球上で、数々の奇跡を起こしたとされるキリストや仏陀のような人物がいました。彼らのように特別高い霊能力を持つ人物は、まさに弱った霊体の活力をよみがえらせて人々を救っていたのです。

奇跡のように見えるけれど、本体である霊体を調整していたと考えたら、いたって自然なことです。大もとの霊体を活性化し、ひな形どおりに戻して、あらゆる病気を治すことができたのだと思います。今もその真理は変わりません。

かつては特別な人物しか、それができなかったわけですが、時代が進んで、これだけストレス社会になってしまった今、霊性を駆使した治癒ができるヒーラー、気功家が増えてきたといえます。癒しが追いつかないからです。

西洋医学を中心とする現代医療は、目に見える症状だけにアプローチしていくやり方で、その原因や目に見えない霊体にフォーカスすることはありません。

ですが、肉体だけでは、根本治療にいたらないのは当然といえば当然。

第2章の矢作直樹先生もご指摘されるとおり、**霊魂の存在、生命エネルギーの存在を認めない限り、本当の意味での癒しは不可能**だと思います。

けれど、治療家やヒーラーの全員が完璧に、霊魂にアプローチできるわけではないのも事実です。

相当な霊能力者でないと、逆に自分が心身のエネルギーを消耗し、命を削ることになります。思いがけず、救おうとした相手から負のエネルギーを受けてしまった、という治療家やヒーラーの話はめずらしくありません。

第2章の矢作直樹先生は医療と霊性、第3章の迫恭一郎氏はダイアモンドと霊性といったように、癒しと霊性の関連性をきちんと研究され、理解されている専門家がたくさんいます。

そういった方々の話をしっかり聞きながら、おかしな霊能力者に霊体と肉体を壊されたりしないよう、相手を見極める力を養っておかないといけません。

新たな時代をどう生きるか、誰を信頼してからだを任せていくのかということを考えていかないといけない。我々に課せられた最大の課題かもしれません。

生命力を司る光「エヴァネッセント・フォトン」

人間をはじめ、あらゆる生き物を作っている、生命体の細胞の表面には、特殊な光が存在しています。その光は生命力、生命エネルギーそのものといえるもの。その光の名を「エヴァネッセント・フォトン」といいます。

僕は20年ほど前、アメリカの大脳生理学者であるカール・プリブラム教授たちと共同で、人の意識や脳の記憶に関する量子物理学に基づく研究を行い、「生命体の細胞には、水とともにかならず光が存在している」という事実を発見したのです。論文を書いて学会で発表をしましたが、当時、話題になりました。

あらゆる生命体の細胞と細胞の間には、常に水があります。いってみれば、細胞は水に浸かっているような状態です。この水というのは、電磁場と密接にくっつきやすい性質があるのですが、それを物理学では連成といいます。電磁場は光と言い換えてもいいでしょう。

一連の研究から、**すべての細胞を取り囲むのは単なる水ではなく、光と連成している水だということがわかりました。そして、連成している光はエネルギーの粒だと考えられ、それがエヴァネッセント・フォトンです。**

私たちが今こうして生きているのは、からだを作っている細胞と細胞の間に、エヴァネッセント・フォトンがずっと留まって存在しているからです。

また、エヴァネッセント・フォトンは、脳の働き、特に記憶の蓄積にも関与しています。脳と生命エネルギーを司るとても重要なもので、生命力そのものといえるのです。

心臓が動き続けて血液が全身に運ばれ、各臓器でいろいろな化学反応が間違いなく起こり、細胞が新陳代謝して定期的に生まれ変わる……。

このような生命の営みが滞りなく行われるのは、このエヴァネッセント・フォトンがあるおかげです。だから、私たちは生きていられるのです。

もし光が失われて単なる水だけになったら、細胞は1週間と保たずに朽ちていくでしょう。それは細胞の死んだ状態を意味します。

実際のところ、生命活動をしていたからだが死を迎えると、直後はまだ温もりがあるのですが、エヴァネッセント・フォトンはもう細胞に存在していません。一瞬でなくなってしまいます。

電気が流れなくなり、光が失われると、生命は終わりを迎えるわけです。

エヴァネッセント・フォトンは、おそらく、あの世の霊体とこの世の肉体のパイプ役になっているのでしょう。霊体であるひな型どおりに肉体が機能するよう、あちらからの指令を受け取って動かす役割を担っているのだろうと考えられます。

心身が健康でいつも元気に過ごすには、肉体よりもまず霊体を整えることが重要になります。

あの世の側にある霊体が正常に働いていれば、肉体はひな型どおりに生命活動を行うことができます。

素領域のなかの所定の場所に所定の物質の素粒子が配置して、設計図のとおりに正しく働くので、健康状態を維持することができます。

霊体と肉体をつないでいるエヴァネッセント・フォトンのパワーが弱まってくると、素領域のなかにひな型どおり所定の素粒子が配置せず、別の素粒子が入り込んでくるなどして、本来の働きが行われなくなっていきます。その結果として、からだと心にさまざまな不調が現れてくるようになるのです。

エヴァネッセント・フォトンの働きが弱くなる原因は、さまざまな要素が複雑に絡み合っていると考えられます。

私たちは日常生活を送るなか、環境に存在するあらゆるものの影響を受け続けています。

住まいの壁や床材などに使われる化学物質、食べ物に含まれる農薬や添加物、家電品や通信機器が放つ電磁波、放射性物質、光化学スモッグに含まれる有害物質。

こういったものが生命力を低下させる要因として、かなりの影響力を持ちます。

また、あの世の霊体そのもののパワーが弱まっている場合もあります。

加齢によって、筋肉や臓器が衰えていくのと同様、細胞のエヴァネッセント・フォトンは徐々に失われていきます。霊体からの作用が働きにくくなると同時に、生命エネルギーが低下して元気がなくなっていきます。

ひな型である霊体がゆがんでしまうこと、また素領域のなかに存在する素粒子をつなぐエヴァネッセント・フォトンが足りなくなることで、心身のバランスが崩れていくといえるでしょう。いわゆる老化現象としても、当然そうなります。それはこの世のすべてのものに当てはまる、自然の摂理です。

逆に、「年齢を重ねてもずっと元気でいたい、若々しくいたい」と思うのであれば、細胞のエヴァネッセント・フォトンを活性化して、光の減少を食い止めることができればいいのです。

心身の病気やさまざまな不調は、生命力がうまく働いていない状態です。あの世の霊体がひな型どおりに細胞たちを動かそうとしても、細胞のエヴァネッセント・フォトンが減少していれば、あの世からの影響がおよびにくくなることが考えられます。

その場合も、**生命力、生命エネルギーの要であるエヴァネッセント・フォトンを活性化し、増やしてやれば、本来の健康状態を取り戻すことができる**はずです。

もし、エヴァネッセント・フォトンを人工的に発生させようと思ったら、ダイアモンドやガラスなど、光を完全反射する物質を利用することが、もっともシンプルで簡単な方法といえるでしょう。

完全反射とは、物質に入射した光が境界面を透過することなく、すべて反射する現象を指しますが、エヴァネッセント・フォトンは例外です。反射せずその物質にぺたっと引っついて留まります。完全反射する物質を手にすることは、エヴァネッセント・フォトンを手にすることに等しくなるのです。

物質によって光を完全反射する角度が決まっています。その角度に持っていけばかならず完全反射します。

ですが、たとえばガラスは屈折率が低く、まばらに光が届く太陽光では全反射するのはむずかしいのです。さらにガラスは柔らかい素材なので、どうしても表面にでこぼこがあり、光にゆがみが生じやすいのです。

その点、ダイアモンドは非常に強固であり、完全反射する角度に研磨することができれば、それを持続させることができます。屈折率が高いので、はるかに多くの光を完全反射できる点も、ガラスはもちろん他の宝石よりも抜きん出ています。

エヴァネッセント・フォトンをもっともたくさん発生させることができて、なおかつ人間のからだに近いところに持ってこられるものとしては、今のところ完全反射のダイアモンド以外に見つかっていないのです。

明るいはずの時代に潜む不吉な影

あの世の存在たちとのコミュニケーションが深まり、悩みや困難な状況に対して最善のアドバイスを得るなど、プラスの影響を受けることはとても喜ばしいものです。

ところが困ったことに、**高次元の存在ばかりではなく、低次元の存在、それこそ魑魅魍魎《ちみもうりょう》たちも、私たちの住む3次元の世界に来やすくなっている**のです。

万一、波長が合ってしまうと、そのような存在たちの作用が働いて、思いがけない病気を発症したり、社会生活で失敗をしたり、トラブルに巻き込まれたり、突拍子もない行動に出て人に迷惑をかけたりすることがあるかもしれません。

極端なケースですが、日ごろ穏やかな性格の人が、突然、豹変して、凶悪な事件を起こしてしまうこともありうるのです。まったく本人の自覚がない状態で、ネガティブな影響が作用することもあるから厄介です。

このように、あの世とこの世の境界線がなくなると、霊体から肉体への働きかけも大きくなります。いいことばかりではなく、困ったことも起きやすくなることは否定できません。

ところで、あの世とこの世の壁が薄くなる今回のような状況は、実は平安時代にも起こっていたのです。

その当時、平安京ができて世のなかがだいぶ治まってきたころでしたが、壁が薄くなったことで、魑魅魍魎もたくさん出てきました。

それを抑えるために活躍したのが陰陽師たちです。

陰陽師というのは、実は当時の科学者たちのこと。彼らは、「陰陽寮」という、今でいえば文部科学省にあたる省庁で働く役人たちで、宇宙の天体の運行を研究していました。

一般に知られた陰陽師は、悪霊退治をするイメージですが、それはごく一部の人間に限られていた姿であって、本質的な姿は科学者だったのです。

これからの時代はまさに、本来の陰陽師、つまり最先端研究に携わる科学者たちが本領を発揮していくときです。

宇宙の成り立ち、人間の霊体や愛について、霊性について解明していくのは、物理学者の役目だといえるでしょう。

宇宙の叡智を世のなかに役立て、この地球の進化に貢献していかなければならないと思っています。

命の輝きを守る「愛の鎧《よろい》」

魑魅魍魎が私たちの生きる３次元世界のこの世の側に、現れやすくなっている……。

そのようなことを耳にしたとき、人それぞれいろいろな反応があると思います。

頭から「そんなものが存在するわけがない」と否定する人、「非科学的なものは信じない」と小馬鹿にする人、「だから何？」とクールな人、あるいは純粋に怖いと思う人、わからないから不安になる人、などなど。

魑魅魍魎なんて本当にいるのか？　と半信半疑ながら、「絶対にいない」ともいい切れない、だから心配になるというのが、大方の反応ではないかと思います。

目に見えない世界に関する理解が薄く、それらの情報が曖昧模糊《あいまいもこ》な現代社会では、霊的存在のネガティブな影響から身を守るすべをまったく教えられていません。その意味で現代人はあまりに無防備だといえます。

もちろん昔から、そして今でも魑魅魍魎は存在していますし、人間は一方的にさまざまな影響を受けてしまうことがあるのは事実です。先人たちはそうしたものに対応するため、武術や秘儀というものを開発してきたのです。

たとえば、魑魅魍魎の存在に対して、気合術や気功で教える「気」を扱うテクニックや、陰陽師や古神道で伝授される呪術や秘法を使えば、それなりに対処することができます。

意識の使い方なども含めて、霊性への理解は大前提ですが、自分で自分の身を守ることは可能です。

ところが、これは一部の人に限られます。敵に立ち向おうにも、何も手段を持っていない人の方が圧倒的です。本人に自覚がないだけで、これではまわりを敵に囲まれているなかに、丸腰で立っているような状態なのです。目に見えない次元やエネルギーに関する知識もなく、エネルギーを扱う技術もない人は、下手に何かしようとしないことです。

また、仮に中途半端な知識がある人は要注意。陰陽師の真似ごとをしようとするのは、かえって危険です。ネガティブなエネルギーやそれを持つ存在とは絶対にかかわりを持たない、接点を持たないと決めておくことです。

もしどうしてもかかわらなければならない状況になってしまった場合、ひとつだけ無難に対応する方法があります。

人に取り憑こうとする霊や闇の存在たちに向き合う方法は、ズバリ、相手を愛する

ことです。愛の力を最大限に使うことです。何の武器も持たない人が安全に対処できるのは、これしかありません。

僕はノートルダム清心女子大学大学院で長年、教授を務めたこともあり、カトリック教会の神父や修道士に知り合いがいて、隠遁者《いんとんしゃ》のお話を伺う機会が度々ありました。隠遁者というのは、俗世を離れてひとり、山奥や離れ小島で修行生活を送る修道士のことですが、隠遁生活に入るときにはかならず、「愛の鎧」を身につけなければならないのです。

誰かを愛するというのは、自分の霊魂と相手の霊魂がつながった状態です。

そのとき、愛する相手によっては、それが魑魅魍魎のような存在だった場合、取り込まれてしまうことがあります。取り込まれないまでも、自分の愛情を相手に全面的に向けることで、自分のなかに空白ができてしまうのです。

相手に同情してしまうなど、一方的に愛情を向けたことで、自分に隙間ができたところに、魑魅魍魎が入ってくることが多いのです。

それが「魔がさす」ということです。愛することはもちろん大事ですが、無防備に愛するのは危険がともなうので注意が必要なのです。

キリスト教は「汝の敵を愛しなさい」「汝の隣人を愛しなさい」という愛の教えですが、愛するときにはかならず聖霊をお迎えして、自分の内側を満たすことを教えています。

聖霊とは天使の魂を持つ存在、私たちの心を守ってくれる存在ですから、聖霊を迎えることで、魔が入る隙を作らせません。聖霊をお迎えすることは、愛の鎧として、聖霊の霊力を身にまとうことになるわけです。

隠遁生活を送っている修道士たちは、24時間ずっと愛の鎧をまとっていることになります。たとえ魑魅魍魎が近寄ってきたとしても、本人の気づかぬうちに聖霊が跳ね返してくれ、何事もなく過ごすことができるわけです。

信者がお祈りのときに、「父と子と聖霊のみ名によって」といいながら、手を使って自分のからだの前に十字を描く動作をしますね。あれは十字架を身につけるということではなく、実は聖霊をお迎えするという意味なのです。

十字に胸を切り開いて、そこへ聖霊を迎え入れることを表しています。

ハートを開いて聖霊をお迎えするという意思を、十字を切り、天に示して見せると、その瞬間に聖霊が入ってきてくれます。聖霊たちは、人間の心に入りたがっていて、人間を助けたい、人間の役に立ちたいといつも思ってくれているようです。

また、キリスト教の信者が、白いベールを頭にかぶっている姿を見たことがあるでしょう。あの白いベールが、実は聖霊をお迎えした状態を表しているのです。祈りを捧げているときは、かならず聖霊がその場に降りてきます。

オーラやエネルギーの見える人の目には、祈っている人の頭や顔のまわりに、白っぽいもやもやとした（煙のような）ものが見えるのだそうです。それを模したものが白いベールなわけです。

僕が講演をしているときにも、どうやら聖霊が降りてきてくれるようで、聴衆のなかから「顔のまわりに白いものが見えました。あれは何ですか？」と聞かれることがあります。ありがたいことに、僕は聖霊たちにサポートされているようなのです。

僕はキリスト教徒ではありませんが、もしかすると、シスターや修道士の皆さんとのご縁で、聖霊たちの間で顔が知られているのでしょうか（笑）。

生命力とは、「愛を信じる力」のこと

聖霊をお迎えすること、愛の鎧を身にまとうことで、あらゆるものから完全に守られます。これは何もキリスト教信者だけの特権というわけではありません。信者ではない人も、自ら望めば、聖霊を常にお迎えした状態で生きることができます。

信者は祈りが日常ですが、そうでない人も、人智を超えた大いなる存在に対してハートを開くだけで、聖霊は自動的にやってきてくれます。もっとも大切なのは純粋な気持ち。特別な技術や決まった呪文が必要ということもないのです。

隠遁者に教えていただいた、誰でもできる、愛の鎧を身につけるための方法があります。まずはじめは「**自分自身を愛する**」こと。これが第一段階で、愛の基本です。

自分自身を愛していない人が、誰かを愛すること、他の人に愛を与えることはでき

ませんからね。

自分を愛せるようになったら、次の段階は、自分以外の人間に意識を向けます。**まだ会ったこともない人、見ず知らずの世界中の人たちが、「自分を愛してくれているると信じる」こと**です。

愛されているという状態は、愛のエネルギーを受け入れること、ひたすら愛を与えてもらうことを意味しています。

全世界の人が、見知らぬ人が自分を愛してくれているというのは、非現実的だと思うでしょうが、それでよいのです。

「自分は皆から愛されている」と、一瞬でもよいから信じ込むことができれば充分だといえます。目の前の現実をどう受け止めるか、いつも自分が主体でいいわけです。

自分が自分を愛すること、そして他の人が全員、自分を愛してくれていると信じること。その2つの段階で、ようやく愛の鎧をまとった状態が完成します。

こうすることで、魑魅魍魎の類が入り込む隙を与えないわけです。

自分は愛されていると信じることが力になる。そのことを表現している映画があります。中学生のときに体育館で観たことを覚えていて、インターネットで調べたところ『砂漠の冒険』というタイトルの映画でした。

砂漠を横断中の軽飛行機が事故で墜落し、主人公の少年が砂漠にとり残され、ペットの犬となんとか生き延びて砂漠を脱しようと旅する内容です。

父親に息子の捜索を依頼した警察から、生き延びるためのサバイバルの知恵を書いたビラを、砂漠中に飛行機でばらまく作戦を提案されました。けれど、父親はビラの内容を差し替えるように指示します。それが「パパもママもお前を愛しているよ。お前は愛されている」と書いたものでした。

警察署長もレンジャー部隊の隊長も、「こんなものが役に立つか」と激怒するけれど、それが息子を生き延びさせるベストな方法だと、父親は一歩も引かない。

作戦は実行されて、ありったけのビラが空から砂漠にばらまかれた。

一方、砂漠を彷徨っていた少年は、とうとう瀕死の状態で倒れてしまい、「もうこれまでか」と思っているところに、偶然、1枚のビラが飛んできて手に触れます。

少年はそこに書かれていた両親からの「お前を愛しているよ」という言葉に救われます。

その後、少年はビラを何度も何度も見ては、勇気づけられ、なんとか生き延びて、最終的に両親と再会を果たすことになるのです。

まさに自分は「愛されている」と信じることが、少年に生命力を与えたという事実です。隠遁者から愛の鎧を身につける方法を教わったとき、この映画がすぐに思い出されました。

誰かを愛することは、エネルギーが一方的に出て行くので、やがて枯渇してしまいます。

たとえば、親や家族を介護することは、どんなに愛していたとしても、与える方が圧倒的に大きいので、いずれ限界がきてしまいます。

それが子育てになると、親が子どもに愛情を注ぐたびに、同時に子どもからも笑顔や「大好き」という言葉で愛が返ってくるから、バランスが取りやすいといえます。

でも一番いいのは、自分で自分を愛で満たすことなのです。本当は対象とする人など必要ない。それがたとえ思い込みでも「自分は愛されている」と信じることができれば、その瞬間エネルギーが入ってきて消耗しないのです。

自分は愛されていると充分に信じられるから、他の人を愛することができます。困っている人に愛を与えることができます。そうでなければ、愛することが自己犠牲になってしまい、そう長くは続かないものです。

人を癒す愛というのは『自己愛』だというのが、僕の考えです。「世界中で自分が一番愛されている」という思い込みは、まさに自己愛です。

それでよいのです。それがあるからこそ、人を愛することができ、誰か自分以外の人と愛でつながることができるのですから。

私たちはもともとこの世界から、そして宇宙からたっぷりと愛されている存在です。

愛されていると信じ込むことができると、それだけで大いなる愛のエネルギーを受け取ることができるのです。

「人生中今《なかいま》」で心身の不安は消え去る

令和元年10月22日に、天皇が即位後に行う、「即位礼正伝の儀」という重要な儀式がありました。

日本の霊性という面でこの儀式を捉えると、この儀式により、新天皇の優れた霊力による日本の守護の働きが、確立されたということになります。

今生天皇というのは、近年の天皇のなかではかなり霊的感受性の高いお方です。天皇家には代々伝わる霊力があり、そのお力のおかげで、日本や我々国民は大きな災いや国難を逃れることができたのですが、その霊力を忠実に引き継がれたのです。

そんなお方が天皇というお立場で、令和という新しい時代の日本をリードしていかれることは、私たち国民にとって大変幸運なことです。それこそ日本列島全体を、慈愛に満ちた霊的磁場のエネルギーですっぽりと包み込んでくださっている、そんなイメージです。

そしてこの先、日本が世界中の人々を調和に導いていくこと、国や宗教の違いを超えて世界がひとつになっていくこと、いわゆるワンネスの地球になるという未来のビジョンが、今生天皇に託されているといっても過言ではないでしょう。

まさに今、地球が大きく変化しつつある状況において、一人ひとりが、自分の軸をしっかりさせておくことが大事です。そうでないと、周囲の物事のさまざまな影響で揺さぶられてしまいます。

大切なのは「**中今を生きる**」こと。

それは、今という瞬間だけに生き切ることです。人は「今ここ」を離れると、たちまち心がさまよいはじめ、まだ見ぬ先のことに不安を感じてしまうものです。

今この瞬間に生きていれば、不安は生じてこないのです。

自分の中心軸にとどまり、「中庸《ちゅうよう》」を意識することでグラウンディングができます。

もっともバランスの取れた中庸のエネルギー状態で生きること。

悟りを目指すのではなく、すでに悟った状態で生きていくということが、今後の主流になっていくでしょう。

第2章
「癒しの意識」と「医療」はどのように変わるのか

矢作直樹

病を治そうとした現代医療の行きづまり

今現在、日本の医療というのは西洋医療が中心ですが、その歴史はまだ1世紀半程です。明治維新以後に入ってきて、この短期間に医療は急速に発展したかのように見えます。たしかに乳幼児の死亡率が劇的に下がり、寿命も大幅に延び、感染症による若者の死亡率も低くなりました。それでも寿命の延びとともにがん、心疾患、脳血管疾患、肺炎などの病気が増加しました。

そしてまた、なかなか治らない慢性的な病気で苦しむ人が増えています。病気を治すということで考えると、西洋医療一辺倒の現代医療はすでに頭打ち、行きづまりの状態に陥っているといえるでしょう。

時代をさかのぼると、江戸時代のころは東洋医療がメインでした。明治時代の大改革で、それまでの医療の仕組みがいっさい認められず、新たな西洋医学のプロセスを学んだ人にだけ、医師免許を与える仕組みになりました。そこで全人的に診ていくという考え方との断絶が起こってしまいました。

東洋医療は、自然治癒力を引き出し、不調和なところを整えるという発想を基本に、症状だけを診るのではなく全体を診ていました。

残念ながら西洋医療は、近代どんどん分析するほうに傾いていって、全体的な視点が弱まってしまったわけです。「木を見て森を見ず」の状態で、特に戦後は急速に細分化が進んでしまったといえます。

今、病院へ行くと、「右耳耳鼻科」という科があるくらいです。というのはもちろんジョークです(笑)。

しかし、こういう冗談が通じるくらい、本当に細分化されているのが現状なのです。

私が医療を学んだのは40年あまり前ですが、その当時、たとえば外科というと、整形外科とか脳神経外科などはすでに分かれていました。でも当時の私の指導医は、頭のてっぺんから足の先まですべてを診ることができていました。

ところがその後、からだを細分化しそれぞれを専門的に診るようなスタイルにどんどんどん変わっていったのです。医師たちは、それぞれの局所についてはくわしくなった反面、全体的に診るという視点は弱くなってしまいました。

日本が国を挙げて西洋医療に取り組んできた1世紀半前から今日まで、特に戦後半世紀の間に、医療技術の進化にともなって、診断治療のあり方が大きく変化してきたと感じています。

そして近年、心身を病む人に対して、その症状だけのアプローチでは、なかなか対処しきれないという現象が生じているといえます。

私が思うに、現代人がさまざまな不調を訴え、病を生じる人が多いのは、当然のことです。なぜかというと、**からだへの「感謝」が足りないから**です。

しかも、「心身一元」という感覚を内側に持っていないので、自分の思いが影響してさまざまな症状が起こっているとは、とうてい気づけないわけです。

「魂」という運転手が、「からだ」という車に乗って運転しています。ところが、車がメンテナンスを怠り、だいぶガタついていて故障する寸前なのに、ひたすら運転手がアクセルを踏み続けていたら、いったいどうなるでしょうか？

エンジントラブルで動かなくなるか、なんとか走ってもどこかでエンストすることは目に見えています。つまり、おのずと病気を招くことになることは、容易に想像できるでしょう。

心とからだはつながっているのです。

あなたは、自分のからだに感謝していますか？

私は長年、西洋医療の現場に身を置き、多くの患者さんに出会ってきました。その方々を見ていて気づいたことがあります。

病院やクリニックに来られる方の多くは、からだへの感謝が足りないようです。

これは西洋医療の現場の特徴かもしれません。東洋医療や代替医療を選ばれる方は違うのではないかと思います。

私は、いらした患者さんには、かならず次のような質問をしてきました。

「あなたはご自身のからだに感謝していますか？」

そう尋ねると、「えっ⁉」と驚いた反応をされる方がほとんどでした。

さらに突っ込んで、「今朝、目が覚めて、ちゃんと息ができたことに感謝をしましたか？」と問いかけると、皆さん、余計に怪訝《けげん》そうな顔をされていました。頭の上に「？」がいくつも飛んでいる様子が、こちら側から見ていてわかるのです。

心とからだが連動していることや、思考や意識が病気を招く大きな要因であることを、私たちは教えられていませんから仕方がないのですが、実は**からだへの感謝は、日々のコンディションを良好に保つ上でとても重要**です。

朝、目が覚めて、ちゃんと呼吸ができることは、決してあたり前ではありません。眠っている間に心臓が止まって、そのまま息を引き取る方は、お年寄りに限らず、若者のなかにもいます。

原因は不整脈といわれていますが、どうしてそういうことが起こるのでしょうか。

実は、人のからだには、概日《がいじつ》リズムというものがあります。

これは、脳波やホルモン分泌、血圧、細胞の再生など、さまざまな生命活動を維持するための確定したリズムのことで、睡眠・覚醒リズムにも関係しています。

からだの機能をコントロールする役目を果たすのが、交感神経と副交感神経で、両者は常に絶妙なバランスが保たれています。

寝ている間は副交感神経が優位なのですが、明け方、通常の副交感神経のトーンに対して、交感神経のトーンが一気に下がることがあります。

副腎という小さな臓器からステロイドホルモンが分泌するのですが、その量が明け方に下がりすぎてしまうことが、突然死の一因と考えられています。

ステロイドホルモンの分泌量が下がりすぎて血圧が低下し、心臓の脈が乱れると、心不全を起こし、眠ったまま息を引き取るというケースにつながります。

自分の意思とは関係なく、このようなことが突然に起こりうるわけです。

毎日、朝目が覚めて息ができることがあたり前ではなく、実は奇跡だということ。

それを知ると、朝起きられただけで「ありがたい」と感謝の思いが湧いてくるのではないでしょうか。

そこでさらに、意図的に感謝の思いを湧かせて習慣にすると、エネルギーのいい循環が生まれます。

朝、目覚めたら起き上がる前に、まず心臓が動いてくれていること、息ができることに感謝をしましょう。そして、それ以外にも感謝できることを思い浮かべてみるのです。

雨風を防げる家があること、布団で眠れていること、朝陽を浴びて気持ちいいと感じること、ご飯が食べられること、自分を活かす仕事があること、などなど、あたり前だと思っていたことに気づいていきます。それらは奇跡なのだと。一つひとつに「ありがとう」と思うと、感謝が連鎖していきます。

こうして感謝の気持ちをあふれさせてから、起き上がります。感謝で満たされた状態から、1日をスタートするのが理想です。

そうすると、私たちの感覚というのは磁石のように働くので、次の感謝したくなる出来事が自然と引きつけられてきます。その都度、感謝すると、さらに感謝できることが増えていきます。

そうやって、感謝のエネルギーが循環することで、日常に体験することが常に喜びや楽しさ、ワクワクにあふれたものに変わっていくでしょう。

「からだの声を聞く」習慣で健康になる

近年の急激な環境悪化にともない、過酷なストレス社会に身を置いている私たちは、人間が本来持っている自然治癒力の働きにくい状況に陥っています。

単なる風邪にはじまり、慢性的な神経変性疾患まで含め、あらゆる病の癒しに大事なことは、「自分自身への愛」と「からだへの感謝」です。

この基本的かつ一番重要な事実を、今の医療ではまったく教えていません。

感謝とひと言でいっても、単に頭で感謝するのではなくて、潜在意識の深いレベルから感謝することがポイントです。

何も考えずにやってみると本当に一瞬で簡単にできるのですが、「潜在意識から感謝する」といわれて、「どうやって?」と条件反射的に頭で考えてしまう人はできないようです。

何でも理屈で考えて、そうなる理由を分析しようとしたり、人に説明を求めたりする人が多いのですが、単純に自分が信じられないから、もっともらしい理由を見つけて頭で納得しようとするわけです。

人類はこれまで２５００年間、頭で考えるパターンで生きてきているので無理もないのですが、現代人のもっとも悪い癖だと思います。頭ではなく感性を使えば、もっと豊かな発想ができるはずです。

ですから「考えすぎることをいったんやめてみませんか？」というのが私の提案です。すべてに意味を見出そうとするのも不要です。

「そうか！」と単純に受け止めてやってみることです。行動してみると、その瞬間になんらかの気づきが起こってきます。

からだに感謝を送ると何が変わるかというと、まずからだの欲しているものがすぐにわかるようになります。「今、何を食べたいのか？」と自らに聞く習慣がついて、その声に従うことが自然になるでしょう。

近年、ダイエットをする人は多いですが、本来ダイエットとは「食事療法」という意味です。それがいつの間にか、痩せるための方法になってしまった。

単に痩せたほうが見た目にいいというのは思い込みで、やはりバランスが大事です。ですから痩せるという発想ではなく、余計なぜい肉がつかないという視点に立つと、過度な食物制限は不要になります。

本来、食べるということは、「何を食べてはいけない」「一日に野菜を何十品目食べなければいけない」などというように、頭で考えて実践するものではないと思います。

一番簡単なダイエットの方法は、からだの声を聞いて、今自分が一番食べたいものを、感謝しながら心ゆくまで食べることです。栄養がどうだとか、カロリーや量がどうだとか、気にする必要はありません。

こういうと、お肉の好きな人が「じゃあ、お肉だけをひたすら食べてもいいのか？」と思うかも知れませんが、大丈夫、それで何の問題もありません。

からだの声を聞いて、からだが欲しているもの、必要としているものを心が満足するまで食べるので、本来、食べ過ぎということもないのです。

頭ではなく感覚を使ってください。**おいしい、うれしい、ありがたいと感じると、**

その喜びのバイブレーションがからだの細胞を活性化させます。そのとき必要な栄養素をバランスよく取り込んでいくように、からだのなかで必要なことが起こるわけです。

一人ひとり体格が違えば、エネルギーの代謝率や必要な栄養素も量も違います。

1日に野菜30品目食べなさいとか、必要な栄養素はどれくらいで、何千カロリー摂りなさいといった情報がありますが、からだに個人差があるのに一律であるわけがないでしょう。あれも実は呪縛なのです。

弁護士でありながら医学博士でもある秋山佳胤《あきやまよしたね》さんは、食べ物を摂らず、9年間、プラーナだけで生きてこられました。彼の不食は究極で、真似すれば誰でもできるというものではありませんが、彼はその姿をとおして人間の可能性を見せてくれているのです。

肉体だけでなく目に見えないエネルギー体があること、そのエネルギーによってあらゆる生命活動が行われていることも教えてくれています。

私たちは固定観念に縛られていて、こうでなければならないと思い込んでいるところが多分にあります。ですから、意識の壁を外すこと、思い込みを外すということが大切です。

そして、もっとも重要なのが「からだの声を聞くこと」「からだに感謝をすること」です。

まず、そこからスタートすることをおすすめします。

いったんこの本を横に置いて、自分の内側に意識を向けてみてください。ゆっくりとしたリズムで呼吸をしてみましょう。

心臓の鼓動が感じられますか？ 脈はどうですか？

どこかにこわばりを感じるところはありませんか？

首や肩、手を動かしてみたときはどうでしょうか。引っかかるところ、重さを感じるところ、痛みが出るところはないでしょうか？

背筋はちゃんと伸びて、重心が安定して立っていられますか？

こんなふうにからだに意識を向けると、気づくことがいろいろあると思います。

からだは常になんらかのメッセージを送っているはずです。そのからだの声に耳を傾けることを、ぜひ習慣にしてみてください。

自分の肉体を主にして、そこから物事を考えて行動していくことです。その瞬間ごとにからだから発せられている本当に必要なメッセージが受け止められるようになるので、物事がスムーズに運ぶようになるでしょう。

からだの声を聞いて、必要なものを取り入れると細胞は活性化して、細胞が元気でいられるというのが真実です。食べ物がどうだ、コスメがどうだというのは、実は副次的なことなのです。

心臓が動いてくれている、呼吸ができる、見える、聞こえる、歩ける、食べ物を味わえる……、そんなあたり前のことが、本当は「有難《ありがた》い」ことなのです。生かされているからこそ体験できる奇跡なのだと受け止めたら、現実の捉え方、生き方も変わってくるでしょう。

自然とあらゆるものへの感謝があふれてきて、怖れが消えて平和な心になり、健やかに生きていけると思います。

心臓への感謝が老化をストップさせる

平均寿命が長くなっている今の時代、「アンチエイジング」に関心を持つ方は多いと思います。若々しくあるために、具体的になんらかの方法を実践しておられる方も少なくないでしょう。

アンチエイジングという言葉には、2つの意味があります。ひとつは「加齢に抗《あらが》う」、もうひとつは「老化に抗う」。英語では「加齢」と「老化」を分けていなくて、同じ「aging（エイジング）」という単語です。

「加齢」とは年を重ねることですから、1日24時間、1年365日というサイクルのなかで誰もが生きていて、時間の経過を経験することから逃れることはできませんね。

一方の「老化」は、加齢によって身体機能が衰えることを意味します。ですから、その方の思考や言動、生活習慣などによっても、明らかに個人差が出てきます。

老化の進行を抑えるために、さまざまな情報が発信されています。たとえば、食事に気をつける、運動をすること、明るく前向きな意識で過ごすこと。特にストレスとどう向き合うかが、ポイントになるといわれています。

確かにそれも大事ですけれど、一番肝心なことが抜け落ちていると思います。それは「からだへの感謝」です。具体的には**「心臓の中心に感謝すること」が、アンチエイジングにとってもっとも大切**なのです。

考えてみてください。たとえば、食べ物を消化するために積極的に動いた胃腸は、消化が終われば静かになりますし、起きている間、忙しく働いていた神経器官は、就寝とともに休息モードに入ります。

ハイペースに動いたらスローダウンする、働いたら休むというように、切り替えがあるものです。

ところが心臓だけは、24時間３６５日、変わらぬリズムを刻みながら動き続けているのです。全身に血液を循環させ、生命を生かし続けてくれています。

あなたがお母さんのお腹のなかに宿ったときからずっと、一瞬たりとも止まることなく働いてくれているわけです。その事実を意識したことがあったでしょうか？

胸に手を当てて、鼓動を感じてみてください。心臓が休まず動き続けてくれているおかげで、私たちは生きていられます。そのありがたさを意識してみましょう。

生きてきた年月を思うと、どれだけ感謝しても足りないくらいだと、そんな思いも湧いてくるのではないでしょうか。

実際、心臓に感謝をすることが、物理的にエネルギーの循環をスムーズに図ることになるのです。

具体的な方法というのは、次のとおりです。

1 心臓の中心をイメージします。
2 心の底から、心臓の中心に向けて感謝の念を送ります。
3 具体的に感謝の言葉を伝えます。

「心臓の中心」というのは、医学用語にはありませんし、物理的に「ここ」と特定できるものではありません。ですから、「心臓の中心」とイメージをすること、意図することで構いません。

感謝の言葉はどんな表現でも構いません。

「心臓の中心さん、毎日休まず働き続けてくれて、本当にありがとう。いつも感謝しています」というように、ご自分のなかから湧き上がる言葉を口にしてみてください。

朝起きたとき、夜眠る前、あるいはふと思いついたときに、1日何度でも構いませんので、心臓の中心への感謝を実行してみてください。できるだけやり続けることをおすすめします。

即効性は期待できませんが、やり続けていると、あるとき変化を実感するでしょう。

永遠にエネルギーが循環する「トーラス構造」

私の場合、東大病院の救急部・集中治療部という医療現場に、15年間にわたり身を置いていました。

医療現場やその運営など、自分の限られた能力を超えたものが求められる空気のなか、緊張感を味わいながら働いていたわけで、今現在のマイペースな生き方から比較すると、心臓に相当な無理をさせてきたという自覚があります。

40代の後半だったか、白髪が急に増えたことがあります。それも不思議なことに、悟空が三蔵法師から被せられた輪っかの冠のように、耳の上に数センチ幅でぐるっと一周するように白くなったのです。

床屋さんで「頭頂部だけ染めているんですか?」と聞かれて、はじめて気づきました。もちろん、そんなおかしな染め方をするわけがありません。自覚していないだけで、相当なストレス状態だったのだと気づかされました。「老けた」と第三者にわかりやすいのが、髪の変化です。

私はその後、心臓の中心に感謝することを実践してきました。感謝の思いがいっそう強くなってきてからは、白髪も減り、髪のボリュームもほとんど変わりません。

現状が崩壊するのを食い止めているというより、むしろ活性化していると考えられるわけです。それは前向きな変化といえます。

心臓の中心に感謝する方法は、私が長年やり続けてきて、確かに有効だという実感があります。最初は個人的な体験であって、果たして普遍性があるかどうかわからなかったので、身近な友人知人に勧めてみました。

すると実践された方たちも、私と同じように、老化のペースがゆっくりだと感じられているようでした。また客観的に見ても、その方たちは何年か前と変わっていない、同年代の人と比べて若々しいという印象があります。ですからこれは、もしかして、信じてやる方ならどなたにも当てはまるかもしれません。

心臓の中心に感謝をすると、どうして老化の進行を緩やかにできるのか。これは説明のつく理屈があります。

心臓の中心に感謝を送ることで、「トーラス構造」のエネルギーの流れを作り出します。

トーラスとは、宇宙や自然界においてエネルギーの流れが物質の形態を作り出しますが、その基本となるシステムのことです。

神聖幾何学（＊）がそうであるように、トーラスは根源的な宇宙法則で、永遠にエネルギーが循環する立体構造になっています。

具体的には、トーラスの中心にすべてを創造する宇宙根源とつながるポイントがあり、そこから無限のエネルギーが発生します。その形はこの世の万物に見られ、あらゆる可能性を秘めています。

人のからだは小宇宙であり、大宇宙の原理原則が働いています。心臓に感謝することを続けると、無尽蔵に宇宙からエネルギーを取り出すことができるわけです。

フリーエネルギーの構造のもと細胞が常に活性化されて、若々しい状態をキープできるということになります。

私たちのからだは本来、宇宙と地球をつなぐパイプ役として、エネルギーが循環するように、生命を与えられています。本当の自分を生きること、エゴではなく愛を表現し、すべての命と調和することが、速やかなエネルギーの流れにつながります。本来はそれがあたり前なのですが、感謝を忘れているために、流れが滞っているのです。

宇宙と調和する生き方に戻していくために、心臓に感謝すること、肉体に感謝することからはじめてみてください。

（＊）神聖幾何学……自然界に存在するあらゆる有機物・無機物の持っている、人の手が加わっていない形やパターンのこと。

病気と闘うことより気づきが大事

よく西洋医療では、「闘病」という言葉を使います。病気に負けないようにがんばる、絶対に病気に打ち勝つ、といった表現をします。つまり、病気は憎むべき敵だという見方をしているわけですが、本当にそうでしょうか？

すべては自分のからだのなかで起こっていることですし、病気の症状が現れている部分は、まぎれもなく自分の一部です。それを敵とみなして闘うこと、治療として攻撃することが、本当に必要なのか？　そんな疑問を抱いたことはあるでしょうか。

こう考えてみてください。**病気というのは、自分の心身からの悲鳴であり、自分が自分に向かって発しているメッセージであると**。

「もう勘弁してくれ。生活を見直してくれ」「このままでは大変なことになる」「ものの考え方を変えてほしい」「生き方を変えてほしい」

そのようにからだが気づいてほしくて、必死で叫んでいるわけです。病の症状を、自分のからだからの警告だと受け止めることができれば、対処の仕方も変わってくるはずです。

西洋医療では、目に見える肉体だけを対象としています。残念ながら、目に見えない霊魂の存在を前提としていないため、症状を改善していくこと、病気を治療することにすでに限界が見えています。

生命エネルギーや霊魂というものをも診ていかなければ、病を治すことはむずかしいと気づいている医師もいますが、教育機関が従来どおりですから、変わりようがありません。

近年、亡くなる方の3人にひとりは、がんが原因で亡くなっています。それは年間に約36万人という数字になり、36万とおりのがんのケースがあるのです。

がんという病は、外側から有害なものが入ってきたとか、特有のウイルスが侵入してきたという場合を除いて、すべて自分のからだのなかで起こってくる変化です。

つまり、自分自身ががんを作っているということ。ですから、闘病という考え方から離れてはいかがでしょう。

からだが悲鳴をあげているのに、その声を聞いてあげて、受け止めようとするのではなく、敵対視して闘おうとするわけですから、これでは方向違いではありませんか。

以前は5年間何もなければ完治すると考えられていましたが、今は違います。10年間何も症状が現れなかったとしても、その後、発症することが少なくありません。

もともと遺伝子的にがんを発症しやすい因子を持つ場合を除き、がんになる原因は、心の持ちようも含めて、すべて日常生活にあるのです。

友人でがんのステージがすでに進行していて、医師に「余命半年」と宣告された方々がいます。

彼らは、「わかりました。私は無駄に抗うことをしたくないので、この先は、自分の好きなことをして過ごします」と、手術や治療を選ばないで病院を後にしました。

そういった方のなかには、「余命半年」という診断だったのにもかかわらず、その後、5年も10年も人生を送られることが少なくありません。

医学的には病気が進行しているので「ありえない」ということになります。

そういう方々にお話を伺うと、共通していることがありました。

がんになってはじめて、今までかなり無理をしてきたことに気づいたのです。だから、無理することをやめて、自分が本当にいいと思うこと、楽しいと思えることを選んで行動するようにしました。

自分は、家族をはじめ、いろいろな人に支えられて生きていることにはじめて気づきました。「ありがたいなあ」と心から思いました。今は、病気にも感謝しています。

彼らは皆、病から気づきを得ていたのです。保江先生もそのおひとりです。

自分のからだの声を聞いてあげて、その望みを叶えるような生活を送ろうと、生き方を変えたわけです。あるいは、まわりの人や与えられえた環境を今まで以上に大切に思い、物事への捉え方の基準が愛と感謝に変わり、行動も変化していたのです。

がんは自分の一部ですから受け入れて、あるがままを生きるというスタンスです。

こういった生き方をすると生命エネルギーが高まり、病と共存しながらも、苦しみや痛みをともなうことなく、穏やかに過ごすことが可能なのです。

西洋医療から、心・からだ・魂を診る統合治療との融合へ

現代の西洋医療だけでは、立ち行かない面が多々あるといえます。

今後は、霊心体という全人的な捉え方をする癒し、たとえば、鍼治療、気功治療、レイキ、ハンドヒーリングなどと融合していくだろうと、個人的には思っています。

問題は「誰であればそういうことができるのか?」ということです。

医学の知識と治療家としての技術の両方を会得している人は、今はまだ少ないでしょうから、教育や養成ということが、これからどんどん進んでいくものと思います。

さらにいうならば、融合というよりも、すみ分けということになっていくのかもしれません。

急な病気やけがなどを食い止めるという意味で、西洋医療が本領発揮する場面はもちろんあります。けれども、神経の病気とか慢性的な病気に関しては、もともと西洋医療があまり得意ではないわけです。

そこも無理やり薬で対処的に対応しているために、どうしても負担や無理が生じています。それらは西洋医療から切り離して、全人的に取り組む治療法にシフトしてしまえばいいのではないかと感じます。

もちろん、融合して両方を使っていこうという人はそれもいいわけで、患者さんが治療を選べるという形になっていくのが理想的です。

実際、医学は進化するにしたがって、どんどん細分化しています。東洋医学的でいう「からだ全部を診る」ということから、遠ざかっているように見えますが、決してそうではありません。医学業界には学会というものがいくつもあり、それらは総じて西洋医学重視で細分化していく傾向にあったのです。

最近、**医療現場を見ていると、全人的な発想で医療に取り組もうと考える医師が、少しずつ増えている**といえます。

おそらく今までは「医学」という視点で、本来は「医療」を支えるひとつの要素でしかなかったはずのもの。ところが、日本の近代の医療教育というのは、いつの間にか医学教育になってしまったといえます。

医療を支えるためには、医学だけじゃなくて、薬学、光学、理学、法律学、経済学、倫理学などもあるわけですが、不思議なことに、医療を支える要素技術のひとつでしかないものが、いつしか目的となってしまった……。それゆえ、教育の段階で、人間をトータルで診るという肝心のところが抜け落ちてしまったのです。

ですので「医学部付属病院」という名前自体に、今の西洋医療のゆがみが出ているといえます。つまり医療が目的で、医学が支える要素であれば、支える要素の医学の下に医療が来るというのがおかしいのです。

さらにいうと、「病院」という表現もいかがなものでしょう。語源としては、医療を提供するために病人を収容する施設、ということになっています。この際、目的を看板に掲げて「健康院」、「○○大学健康院附属医学部」などとしてみてはいかがでしょう。

また日本の場合は、欧米諸国にスタートが遅れたので、他国に追いつこうとして、古来自分たちが使っていてよかったものまで、すべて捨ててしまったということがあります。

実は他の先進国は、決して西洋医療一辺倒ということはなくて、全人的な癒しの方法もいろいろ取り入れて、より柔軟なスタイルで医療が行われています。

たとえば、日本発祥のレイキ（霊氣）が、海外ではＲＥＩＫＩとして認知され、医療現場で成果を上げています。アロマテラピーやホメオパシー、クリスタルボウル、波動の周波数の共鳴作用を基本とする波動調整機器を使うものなど、いわゆる代替医療のさまざまな療法が、病院で一緒に行われることはめずらしくありません。

アメリカを例にあげると、メディカルドクターと同様に、6年制のオステオパシーのドクターコースがあり、国家資格として認められています。

日本の場合、西洋医学以外の医療を行う者には資格すら与えない、という状況ですから、大きな偏りがあります。

これまではアカデミズムがリードしていた部分がありましたが、これからの時代は、現場にいるドクターたちから、医療に対する考え方や患者さんとの向き合い方が変わっていくでしょう。

私の個人的な感覚として、病気を「治す」という発想は、とてもおこがましいと感じます。医師が「治そう」と意識する必要もないのでしょう。

つまり、患者さん自身が気づいて本来の状態に戻っていくプロセスを、ドクターの立場でおつき合いをする、あるいは見守ってあげるだけでいいと思うのです。

本来、**病気を治すのは、その方の内なる治癒力です。それが働くように気づきを与え、スイッチを入れるのが、これからの医師の役目だといえます。**

霊性の民と心身の不調

現代に生きる私たちにとって、「いかに健康に生きるか」は永遠のテーマといえるでしょう。

西洋医学が主流となっている今は、症状が現れてから医療機関にかかり、診断を受けて投薬などの治療を開始する、いわゆる対処療法があたり前です。

ですが、そのやり方は、自分のなかに備わる自然治癒力を引き出そうという発想ではありません。

昔はからだの不調や心の不調を、現在とはまったく違う認識で捉えていたと考えられます。

特に私が注目しているのは**「縄文時代」で、その当時の人々は、現代人と比べて、非常に霊性が高かったことが明らかになっています。**

縄文人一人ひとり、意識が開いていて、高次元宇宙とつながる能力が高く、今の次元と別の次元を同時に理解できる感性を持っていました。日常的に宇宙と交信しながら、完全調和の宇宙からの働きかけを全員が受け取って地球に循環させ、あらゆる生命と調和して生きていたのです。

それは日本人特有の「大和心《やまとごころ》」を意味しています。縄文の人々のことを、「霊性の民」と表現できるでしょう。

一人ひとりが自分の役割を認識し、お互いに助け合おうとするような、精神的な豊かさを持ち合わせた、理想的な社会だったようです。

そして、縄文の人たちは「今がすべて」という生き方が、あたり前だったと思います。「今あるようにある」「あるがままの自分でいる」という意識状態でいて、常に心身が活性していたのでしょう。

それを表現するのが「中今」という言葉です。

中今とは日本古来の神道の思想であり、古神道を知る人にはおなじみの言葉です。我々の世代までは比較的、日常的に使っていた言葉だと思います。

私が講演などで普通に使っていましたら、知らないとおっしゃる方が多いので、一般には認知されていないことが意外でした。親もよく口にしていましたし、私自身も子どものころから「中今を生きる」という表現をあたり前のように使ってきました。

中今とは、直前でも直後でもなく「今」に存在すること、今に生きるということです。過去のことを思い起こしてくよくよしたり、将来のことをあれこれ心配したりすることなく、今この瞬間だけに意識を向けること、無心になるというあり方です。

これは、縄文の人々から伝えられた、生き方そのものでもあります。

日本人は古代から、そのような考え方、生き方をあたり前にしてきたはずなのです。

ところが、戦後一気に流れ込んできた西洋文化によって、社会や人々の意識が大きく変わりゆくなか、古来のよさまで失われたために、中今という言葉や考え方もすっかり忘れ去られてしまったのです。

現代人は、「今に生きる」ことが容易にはできません。意識が常にさまよい、過去を悔いたり未来を案じたりして、ますます生命エネルギーを消耗させています。宇宙とのつながりも絶たれていたら、エネルギーは枯渇していくばかりです。そこが縄文人との大きな違いでしょう。

縄文の人々はおそらく、病や心身の不調という感覚すらなかったのではないかと感じます。現代人のように目に見える症状に対して、「これは○○の病気だ」などと分析して考えることもなかったのでしょう。

自分の身に起きてくることは必要なこととして受け止め、何事も抗うことなく受け流していたのだと思います。

日々をあるがままに、平和に暮らしていた縄文人。そこへ、大陸からさまざまな人が入り込んできたことで、社会が大きく変わっていったのです。大陸から来た人というのは、他者と争い征服すること、競争して人より上に立つことを好む好戦的な考えを持っていました。

そして、縄文人と弥生人との混血が進んだことで、霊性がガクンと落ちてしまいました。その状態が現代まで約２０００年間続き、日本人の標準的な霊性のレベルになっていたと思います。

それでも海外の人に比べれば、現代の日本人はまだ霊性が高いといえるでしょう。けれど、縄文人と比較すると、霊性のあり方が大きく違うことは明らかです。

人類の進化のプロセスとして、西洋東洋問わず、この２５００年ほどは、物事を理屈立てて考える習慣を育てる時代だったといえます。

日本の場合は、縄文から弥生へ時代が移るタイミングで、霊性の民から「思考の民」へとシフトしたのです。

霊性というのは、この世の次元と他の次元の両方を理解できる、繊細で豊かな感性のことです。縄文のはるか昔から日本人がもともと持っていたもの。ですから、外側に何かを探し求めなくても、ただ自分のなかに存在しているものを思い出していけばいいのです。

スピリチュアルブームといわれて久しいですが、私は「スピリチュアル」という西洋の言葉にはピンとこないし、そういった情報にもまったく興味がありません。それよりも「霊性」という言葉のほうがずっとしっくりきます。それはもともと日本人が縄文の時代から持っていたもの。「霊性」という言葉のほうが、歴史も長くて包含する事象や意味合いも広いわけです。だから、あえて「スピリチュアル」という、歴史の浅い舶来の言葉を使う必要はないと思うわけです。

情報化社会の現代は、思考中心で生きているので、ほとんどの人が霊性をすっかり忘れてしまっています。でも失われてしまったわけではなく、すべての日本人のDNAに刻まれているものと思います。

大切なことは、自分の内側に目を向け、感覚を開いていくことです。目醒めという意味では、そのほうが早いのではないかと思います。

意識的に「霊性」という言葉を使ってみてください。日々の暮らしのなかに神性を感じ、生かされていることに感謝するお陰様の感覚など、日本人本来のあり方に立ち返ることができるでしょう。

「中今」という意識と心身の癒し

多様化した時代に生きる今、生き方を模索している人は多いのではないでしょうか。私が常々理想としているのが縄文の時代です。

私たちの祖先である縄文の人々は、いつも中今状態にあったということ、あらゆるものと調和していたことは、現代を生きる私たちにとって、もっとも理想的な姿だと思うからです。

私自身は物心ついてからずっと、中今で生きてきたといえます。何もそれは特別なことではなくて、多くの方がその状態を忘れているだけのことです。

日本人すべての内側の、ＤＮＡに中今の本質は刻まれているはずです。それをひとりでも多くの方に呼び醒ましていただきたいのです。

中今が「Be here now」という言葉に訳されることがあるようですが、それは勘違いです。ヒッピームーブメントが起こったころ、西洋の精神世界でBe here nowという言葉が生まれましたが、これとはまったく意味合いが違います。そもそも、西洋の言葉に置き換えるのは無理があります。

むしろ日本の縄文時代が大もとですから、歴史の浅い舶来の言葉に置き換えることはナンセンスだと思います。途端に、伝わる意味合いが非常に薄っぺらいものになってしまいます。

くり返しになりますが、霊性はもともと内側にあるものです。

日本人は備わっているはずの霊的な感性を、眠らせてしまっています。日本は言霊を大事にしてきた文化ですから、日ごろから使う言葉を大切にしたほうがいいのです。

縄文人がいかに優れた能力を発揮していたのか、如実に語っているものを、現代の私たちも目にすることができます。

全国各地に磐座《いわくら》が存在しているのをご存知でしょうか。高い山の上や絶壁のような場所に、まるで上空からぽんと置かれたかのように存在している、神の霊力を宿している大岩のことです。

縄文人は、あのような大きな岩をどうやって山の上に上げたのか。3次元の科学的思考では、とても人間業とは思えません。

現代人の常識ではとうてい不可能とされることが、古代の人々には実際にできていたのです。

縄文人たちは意思を合わせる共同作業で大岩を動かし、磐座をいろいろな場所に作っていました。それは中今状態だからできたことなのです。つまり中今状態になると、人間業とは思えない、奇跡的なことができてしまうというわけです。磐座の存在そのものが、現代に生きる私たちへのメッセージだといえます。

同様に、古代から残る巨石を、世界各地で見ることができます。イギリスのストーンヘンジ、ケルトの巨石遺跡、イースター島のモアイ像など、どうやってできたか解明されていませんが、実はそれらも古代の人々が中今状態になり、手で触れることなく物を動かし、置いているだけのことです。

そうしたケルト人、インディアン、ポリネシア人はじめ、先住民族と呼ばれる人々は、日本の縄文人と同じで、宇宙とつながり自然とつながり、常に中今で生きていたのでしょう。

中今状態というのは、「今ここにいる」「今この瞬間に意識を置く」という表現になります。

いっさいのとらわれも、あらゆる執着もない、中庸というもっとも安定した穏やかな心の状態。ストレスのない、リラックスした状態です。そのようになれば、自分の内側に気を巡らせることも、その場を浄化することも、いとも簡単にできます。

仏教用語でいうと、「刹那《せつな》」に捉えられるのですが、それよりも「涅槃《ねはん》」に近い意識状態といえると思います。

先にもいいましたが、潜在意識のレベルで単純に思うことが条件で、それさえクリアできれば、誰にでも可能なのだろうと思います。

けれど、潜在意識のレベルということを意識すると、かえってむずかしいという声を多くの方から聞きます。私が個人的に再現することはできても、その理由や方法をご説明するのがとてもむずかしいと感じます。

中今の状態は、何かに集中するということではなく、むしろリラックスしている状態です。力を抜いてボーッとする感じで、思考をほとんど使わないのです。

何か好きなことを夢中になってやっているとき、時間も忘れて心から楽しんでいる感覚が中今に近いでしょう。

中今状態になる方法として、具体的にアドバイスするとしたら、**自分が無心になれるものを何か見つけて、それに取り組んでみるのがおすすめ**です。

ひとつのことに集中していて、はっと気づいたら時間が何時間も過ぎていた、無心になっていたという経験は、きっとどなたにもおありだと思います。

たとえば「歩き禅」というものがあります。歩くことで座禅と同様、無心の状態になれるのですが、それはまさに中今状態です。それが、走るでもいいし、楽器を弾くでもいい、絵を描く、踊る、歌う、人としゃべる……、なんでもいいのです。

自分が夢中になれるものに取り組んでみて、体感していただけるといいでしょう。

ひとつ具体的な方法としては、自分の行為一つひとつに意識を向け、そこに感謝の念を乗せる、というものがあります。

たとえば、水を飲むときに「コップをつかむことができた、ありがとう」「コップに水を満たすことができた、ありがとう」「コップを口の前に持ってこられた、ありがとう」「水を飲み込めた、ありがとう」という具合です。

はじめは面倒かもしれませんが、慣れたら瞬時のことです。

新しい令和の時代は、他者との比較や競争ではなく、すべてと調和して生きる世のなかになっていくでしょう。

一人ひとりが高次元の宇宙、神様といってもいいですが、命の根源の光とつながり、本当の自分を生きていくことができる、とてもすばらしい時代になることでしょう。

すべては自分次第です。そのことを忘れずに心もからだも健全に生きていきましょう。

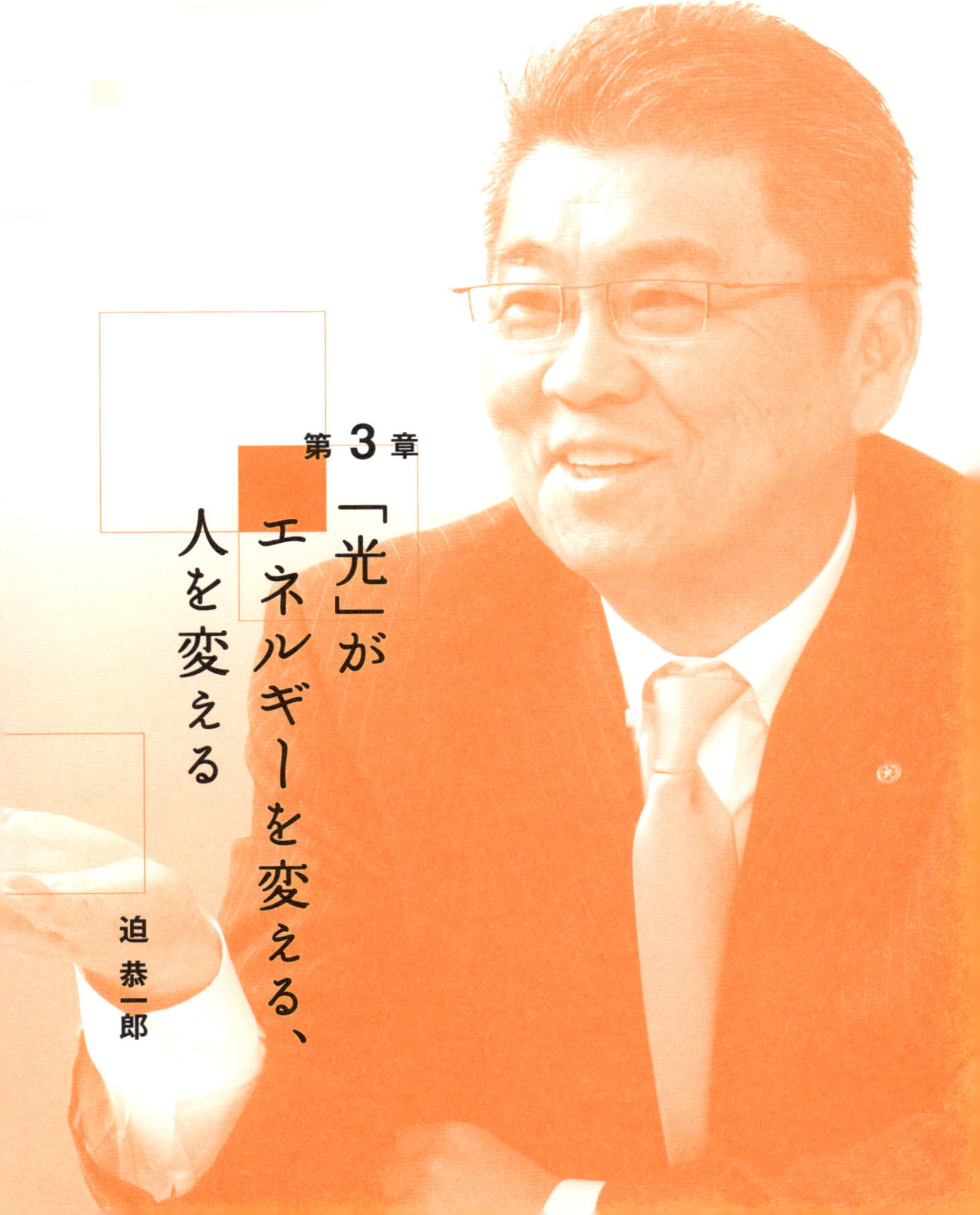

第3章 「光」がエネルギーを変える、人を変える

迫 恭一郎

「石」が持つ癒しの力と錬金術師

昨今、鉱物や宝石をファッションとしてだけでなく、その存在に宿る不思議な力を信じ、パワーストーンをお守りとして身につける人が増えました。

目に見えない世界に対する懐疑的な印象が薄れてきたからだと思います。

昔の人々は自然や宇宙とのつながりを大切にし、目には見えない気配、エネルギーというものを感じ取る力も鋭かったに違いありません。

おそらく遠い祖先の時代は病気というものが存在せず、からだの声を聞いて欲するものを食べ、樹木や大地に触れることでチャージングをし、祈りを捧げることで宇宙と地球のエネルギーが循環し、自動的に心身の調整ができていたのでしょう。

歴史をさかのぼると、**5000年前の古代エジプトで、癒しのスペシャリストは宝**

石を研究した人々でした。彼らは宝石の知識だけでなく、自然科学や数学、天文学などにもくわしく、**「錬金術師（アルケミスト）」**と呼ばれていたのです。

そのころの人々は、鉱物や宝石の固有のエネルギーや、人の心身に働きかける効能について研究し、その力をうまく利用していました。

人と宝石の関係について知っていただくために、まずはその歴史をひも解いてみたいと思います。

かつて宝石類を身につけていたのは、国を治める王侯貴族、君主、宗教家といった権威ある人々でした。

意外に思うかもしれませんが、女性よりも男性のほうがさまざまな宝石を愛用していたのです。それは、宝石に着飾ること以上に重要な働きを求めたからです。

戦があたり前だった時代、権力者たちは敵やネガティブなものから大事な国土を守り維持するうえで、魔除《まよ》けや護符《ごふ》として宝石の力を借りようとしました。いつ命を落とすかもわからない不安定な情勢のなかで、無事に生き延びられる運の強さを求めて、宝石を肌身離さず身につけたのです。

現代のように、着飾る目的で宝石を使うようになったのは、ずっと後、近年になってからです。

紀元前4世紀、アリストテレスが鉱物のくわしい情報を『鉱物書』にまとめています。

古代ローマやギリシャでは、病気治癒のために宝石が利用されていた、と文献に記されています。今のように医学がまだ確立されていなかったころは、宝石を使って心身の調整を図っていました。

症状が現れた患部に直接、宝石を当てたり、チャクラに連動するカラーの宝石を用いてエネルギー調整を行ったりなど、有効的に活用していたようです。

その際、不調を抱えた人々に的確なアドバイスをしていたのは、宝石についての知識を豊富に持っていた宝石を研究していた人たちでした。

色石はそれぞれ特定のエネルギーを持ち、必要に応じて使い分けが可能です。

たとえば、赤いルビーは活力を与える石で、元気がないときに身につけるといいとされています。光を通すことで赤い色が皮膚から浸透し、ダイレクトに細胞を活性化するからです。

眼精疲労には、安らぎを与える緑色のエメラルドが用いられました。

冷静さを保つにはブルーのサファイアが一番で、国王や教会の神父らが大事な決断をする際、正しく判断できるようにとサファイアを身につけたそうです。


このように即効性がある色石たちは、ここぞというときに非常に役立つものです。

また古代は、天体の動きが地球や社会、人間の心身に影響を及ぼしていると考えられ、医療占星術というものが主流でした。宝石を研究していた人たちは人体のことや治癒力のことに加え、占星術の知識も持ち併せていました。

「今月、何座が上空に来るので、それを調整するための石として、あなたにはルビーが必要だ」などとアドバイスしながら、その人をもっとも効果的に癒す石を提供していたのでしょう。

錬金術は、現代の科学・薬学・医学のルーツ

歴史がさらに進んで、中世ヨーロッパ時代になると、錬金術がさかんに研究され、発展していきました。

錬金術というと、「鉛《なまり》などの重金属を金に変えて、巨万の富を得ることを目指した」というイメージで現代に伝わっていますが、真実はそうではありません。

「魂とは何か」「永遠の生命とは何か」という、人間の本質的なテーマに取り組んでいたのです。

具体的には、永遠に続く生命、いわゆる不老不死の生命、目に見えない魂の進化、輪廻転生から脱けることを研究していました。それが錬金術師と呼ばれる人たちだったのです。

人間を含めたすべての生き物よりも、鉱物はこの地球に長く存在しています。言い換えれば、地球上でもっとも長い生命力を持っているのが、鉱物であり宝石です。

宝石のなかに永遠の命を見た錬金術師たちは、「鉱物から命を取り出すことができれば、不老不死の薬ができるのではないか」と考え、独自に研究を重ねていったのです。

彼らは、宝石を砕いたり塩酸で溶かしたり、あるいは宝石のエネルギーで蒸留水を作るなど、宝石に宿っている生命エネルギーを取り出そうと試みますが、簡単にはいきませんでした。

そこで同じように発想し、身近な植物の花を使って作り出したのが、エッセンシャルオイルとエッセンシャルウォーターです。植物の香りという「短い命」を上手に取り出すことに成功したわけで、そこから精油と香水へと発展していきました。

15世紀、錬金術の研究から、これまでの医学に化学を導入し、新しい流れを創造したのが、スイス人医師のパラケルススという人物です。

彼が錬金術による製薬の方法についてまとめた、『アルキドクセン』という本があります。

一見、むずかしい学術書ですが、かつて錬金術師たちがどのように永遠の命を探究したのかを伺い知ることができ、興味深く読むことができるのです。

パラケルススは、医学、生理学の他に、錬金術、占星術、神秘思想にも精通していました。そして錬金術の目的として、不老不死の霊薬または万能薬、医薬品を生成すべきだと主張し、鉱物（ミネラル）の調合による医薬品の開発に貢献しました。

そもそも人間のからだは108種類のミネラル元素から成り、それらの過不足によってさまざまな病気が生じてきます。

たとえば、亜鉛が不足すると味覚障害を招き、鉄分が足りないと鉄欠乏症貧血を引き起こすというように、症状が表れてきます。

そこで、足りないものを補う目的で、宝石を砕いて丸薬を作り処方したのが薬学のはじまりです。薬は「ミネラル＝鉱物」の力を利用したものです。

このように**古代の宝石を研究していた人たちが取り組んできた錬金術探究の流れは、科学、自然科学、天文学、薬学、医学へと発展し、現代医療の礎《いしづえ》にもなっていた**のです。

歴史を知れば知るほど、宝石の神秘に魅了された人物たちが、さまざまな学びをしながら錬金術師となり、人を癒すために活躍していたことに、私はロマンを感じます。

実は、私は子どものころ、「医師になりたい」という夢を抱いていました。

高校生のころまでその夢を持ち続けていましたが、宝石会社を営む父の背中を見て育ち、自然な流れで宝石商という道を歩むことになりました。

社会人となり、宝石の歴史をいろいろと学ぶなか、かつての宝石商が癒しのスペシャリストだったと知り、子ども時代の夢でもあった、「人を癒すことで社会に貢献したい」という気持ちがよみがえってきたのです。

そして2005年、一般的な宝石会社から、あるひとつのテーマにしぼりビジネスを一気に方向転換するわけですが、それは私だけの思惑ではなく、宇宙の大いなる意志が働いているように感じました。

心とからだと魂のトータルで人を癒すことができる「現代の錬金術師」として私が突きつめていった鉱物、それは「ダイアモンド」でした。

しかも、入った光が100パーセント反射する完全反射の特別なダイアモンドだったのです。

地球上、もっとも強力なパワーストーン

数ある宝石のなかで、もっとも硬いダイアモンドは、「計り知れない特別な力が宿っている」として、いつの時代も一目置かれ、大切にされてきました。

ダイアモンドの語源は、「征服しがたい・冒すことができない」という意味の「アダマス（adamas）」で、古代ギリシャ時代からこの呼び方が広まったといわれています。

ダイアモンドの原石というのは正八面体です。

ちょうどピラミッドが上下に合わさった形で、昔は原石の形のまま指輪にして身につけていました。研磨の技術がまだなかった時代ですから、ほとんど輝きのない石だったはずです。

なぜなら、当時はダイアモンドに輝きは求められていませんでした。彼らは美しく着飾るというよりも、守護の目的で身につけていたからです。

神聖幾何学（P69、P159参照）の観点でいうと、正八面体という形は、宇宙と地球の統合といえるエネルギーで、もっとも強力なパワーストーンだったに違いありません。下手に研磨をするより、この形のまま身につけたほうがパワフルなエネルギーを、安定的に取り込むことができたと考えられます。

婚約したカップルの間で、愛の証として男性が女性へダイアモンドの指輪を贈る風習があります。この「婚約指輪を贈る」という行為が、いつからはじまったのかというと、古代ローマ時代にまでさかのぼります。

男性が妻をお金で買う「売買婚」があった当時の、婚約成立の代金を払う誓約として指輪が、花嫁の父へと手渡されたのです。素材は、固く強い鉄製でした。

その後、中世ヨーロッパ時代には騎士文化が盛んになり、騎士が女性へ愛を捧げる際に、指輪が愛のシンボルとして用いられました。このころ素材が金になり、結婚指輪を交換するセレモニーが定着していったようです。

ダイアモンドの婚約指輪が歴史上はじめて登場するのは、15世紀のこと。

中世最後の騎士オーストリアのマクシミリアン大公が、ブルゴーニュ公国のマリー姫と婚約したときに、ダイアモンドリングを贈ったという記録があります。これ以後、愛する人への愛情の証に、ダイアモンドの婚約指輪を贈るようになりました。

けれど、ダイアモンドの研磨方法が発見される以前、原石のダイアモンドを贈っていたころの人々は、ダイアモンドそのもののパワーに価値を見ていたのだと思います。美しさを求めたら、他の色石でもよかったはずです。

輝かないダイアモンドだとしても、身につけることで、そのエネルギーが霊的にも肉体的にも保護してくれると信じ、マイナスの要素から愛する人を守りたいという思いで、ダイアモンドを贈ったのです。肌身離さず身につけるために、落とす心配のない指輪が適していたのでしょう。

さらに、なぜ結婚指輪を左手薬指にはめるのかというと、左側の薬指は、重要な神経や血管が直接心臓につながっているとして、大事な指輪をするのにふさわしいと考えられたからです。

ダイアモンドの美しさが一気に引き出されてくるのは、研磨技術が向上してきた17世紀後半のこと。はじめて58面のカットが登場しました。これは、現在、ポピュラーとなったラウンドブリリアンカットの原型といわれています。

実はダイアモンド研磨の発達は、光源である電灯の発明とリンクしています。キャンドルの灯りしかない時代は、面を作り少し磨いてあれば、ダイアモンドは美しく見えていたはずです。

その後、電灯が登場して、夜も室内が明るくなってくると、丁寧に研磨しないと粗《あら》が目立つようになってきました。

より美しく輝きを放つために、ダイアモンドの研磨技術を極め、カットの開発が熱心に進められました。

そして、ダイアモンドが美しいきらめきを放つプロポーションとして、ラウンドブリリアンカットが定着していったのです。

存在しないとされた「完全反射のダイアモンド」

石の上部から入った光が100パーセント反射することを「完全反射」といいます。

1919年に、ベルギーのマルセル・トルコフスキーという人物が、「完全反射を可能とするダイアモンドのカットの形状」を発表しました。その形状は『アイディアルラウンドブリリアンカット』と呼ばれています。

宝石職人であり、数学者でもあったトルコフスキーは、光の屈折と反射がもっとも効率的に起こるプロポーションを、面の大きさ、高さ、形状や角度から、明確に算出しました。

宝石鑑定士を目指して勉強すると、アイディアルカットの情報にかならず出会います。

ですが、「完全反射のダイアモンドは、実際には存在しない」と教えられるのです。

- **テーブル:53%(平均ガードル直径を100%する)**
- **クラウンの厚み:16.2%(34.5度)**
- **パビリオンの深さ:43.1%(40.75度)**
- **ガードルを除く全体の深さ:(59.3%)**

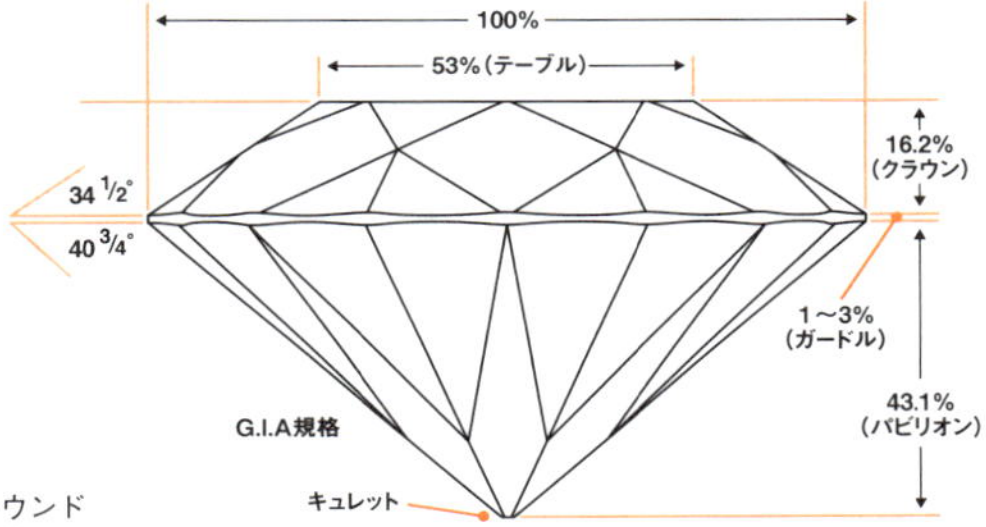

アイディアルラウンド
ブリリアンカット

事実、一般的に流通するダイアモンドのなかに、アイディアルカットを再現したダイアモンドは見つかりません。

アメリカの『GIA（米国宝石学会）』で学んだ私の息子が、「その理由がわかった」と話してくれました。

一般のダイアモンドは、大きさを最優先するために、研磨にかんしてはロスを最小限で抑えることが鉄則なのです。

ダイアモンドは、カラット（重量）が小さくなれば値段が下がります。

逆に、多少傷や内包物、色があったとしても、重ささえあれば価値が高くなるのです。

完全反射のダイアモンドを作ろうと思えば、当然研磨していく回数が増え、石は小さくなっていきます。

だから、多くの宝石商人が儲けを最優先して、研磨職人に削る分をできるだけ少なくさせ、小さくならないように気をつけています。それなりに美しく輝くところで、適当に磨いているというわけです。それを業界では「歩留《ぶど》まりがいい」といいます。

これが完全反射のダイアモンドが存在しない理由です。

ですが、私はあきらめきれませんでした。

先述したように、石は人を癒し、私たちが本来の生命力を取り戻すきっかけを与えてくれるものなのです。

もし完全反射するダイアモンドを人々の手に届けることができたら、それは時代の救世主になるだろうと確信していました。

身につけるだけで、心身のエネルギーバランスを整え、ストレスから無縁の状態にしてくれる。身を守るために、本当の自分を生きるために、これほど強力なパートナーは存在しません。

そして、結果からお伝えすると、私は試行錯誤の末、ついに**完全反射を実現するダイアモンドを完成させることに成功**しました。

ダイアモンド業界を知る人ほど驚かれ、「そのようなことがなぜ実現できたのか?」と聞かれることが度々あります。答えは単純で、「完全反射のダイアモンドでなければ、人を癒せない」と分かっていたからです。

業界の常識を打ち破ることができたのは、「最高に輝くダイアモンドを追究したい」という純粋な思いがあったからです。誰もやっていないならやってやろうと思う気持ちもありました。

先にもお伝えしましたが、子どものころから医師を目指していたくらいですから、私はお金をいかに儲けるかということよりも、「人を癒すにはどうしたらいいのか」ということに一番興味があったのです。

宝石の歴史をひも解いたときに、古代の宝石研究家が宝石で人を癒していた錬金術師だったことを知り、現代の錬金術師を目指そうとするなんて、宝石商としてはかなりの変わり者です（笑）。

ですが、変わり者だからこそ、誰もやったことがない研磨に挑戦し続けることができたのです。

ダイアモンドの真の力を引き出したいと、ひたすら信じた道を進んできたわけですが、決して平たんな道ではありませんでした。

逆境こそ成功の扉を開く鍵

父が立ち上げた宝石貴金属の会社を、二代目社長として引き継いだのは１９８２年のことでした。若干26歳でいきなり陣頭指揮を執ることになったわけですが、父の時代から会社を支えてきてくれた先輩社員たちの目には、さぞ頼りないリーダーと映っていたことでしょう。

それでも、海外から宝石を直に輸入したり、自らジュエリーのデザインをしたり、独自の販売システムを構築するなど、私なりに新しいチャレンジをして、売り上げを伸ばすことができました。

その後、完全反射のダイアモンドに新たな事業の可能性を見出した私は、宝石全般を扱う卸販売の業務から全面的に手を引き、ダイアモンドオンリーでビジネス展開していくことを決意します。

折しも、バブル崩壊で社会が混乱しはじめた時期。大きく舵を切ったことに、社内や周囲からの風あたりは相当強いものがありました。

理想を掲げてダイアモンドの新規事業に乗り出したものの、軌道に乗るまでの道のりは、私の予想をはるかに超えて困難なものでした。

ダイアモンドの自社研磨が最優先のミッションでしたが、研磨自体を私ができるわけではないので、研磨職人を信頼して任せ、私はでき上がってくるのを待つしかありません。

研磨は職人の技術の差が、出来栄えに大きく反映します。実際のところ、ベテラン職人の感覚と腕をもってしても、完璧なカットに磨き上げるには地道な努力が必要でした。他にお手本がないわけですから当然です。

完全反射を求めた研磨は気の遠くなるような緻密な作業ですし、経験とわずかな違いを感じ取る繊細な感覚が求められます。

しかも、研磨の技術を磨くには、文字どおりダイアモンドを磨き続けるしかないのです。

完全反射のダイアモンド第1号を完成させるまでに、いったいどれほどのダイアモンドを粉にしてきたことか。

ですが、私自身の使命と捉え、採算を度外視して、純粋に「人を癒す」という価値だけを見て進んでいきました。逆に、少しでも「儲けよう」という発想であれば、わが社はとっくに潰れていたでしょう。

そうして努力を重ねるうちに、ついにその日はやってきたのです。

そのダイアモンドは完全、完璧に、光を100パーセント反射させせました。

完全反射するカットは、流通しているダイアモンドをさらに研磨する方法で成功させました。具体的には、高品質のエクセレントのダイアモンドから、さらに25パーセントほど削って、完全反射の理想形であるアイディアルカットの面と角度を再現するわけです。

一般的なダイアモンドからさらに削るため、カラットは単純に小さくなるのですが、内側から見事に光を放つので、実際のサイズよりも大きく見えます。それは、完全反射のダイアモンドならでは、といえる特徴です。

成功したとはいえ、会社としては存続の危機を乗り越えながらの日々が続きます。

一番ショックだったのは、それまで長年おつき合いのあったメインバンクに、新規事業をプレゼンテーションしに行ったときのこと。

「ダイアモンドで人を癒していきます」

こう伝えた途端、支店長から「一切の融資を停止します」といわれてしまったのです。新たな展開を応援してもらえると思いきや、予想もしなかった態度で、青天の霹《へき》靂《れき》とはこのことでした。その支店長には、宝石に癒しの力があるという認識がないため、私の話はまるで霊感商法のように受け取られてしまったようです。

さらに、社員のなかにも、支店長と同じような受け止め方をした者もいて、その日以後、部下が続々と辞めていき、200人いた社員は、1年あまりでわずか8人になってしまいました。

そのうち3人が身内ですから、いかに深刻な状況かご理解いただけるでしょう。

売り上げは、最高期の10分の1にまで落ち込みました。ジェットコースター並みの急降下に、なすすべもありませんでした。

そのときは辞めていく社員に対し、「なんでわかってくれないのか」と悔しい思いでしたが、自分の信じた道を歩むしかないと半ば開き直り、研磨を続けてきました。

不思議なほど、「ダイアモンドで人を癒す」という思いだけは揺らぐことがなかったのです。

その後、宝石業界は不況のあおりを受けて、多くの企業がドミノ倒しのように倒産していきました。名前の知られた大手の宝石会社も例外ではありませんでした。

そんななかでわが社が生き延びることができたのは、完全反射のダイアモンドに事業転換したからです。

私は世界でも類を見ないこの完全反射のダイアモンドを『アルカダイアモンド』と名づけ、社名にもそれを掲げました。

ふり返ると、社員たちが自主的に辞めてくれたおかげで、最低限の痛みで済んだことも大きかったといえます。あの一番苦しかった時期を乗り越えられたからこそ、今があります。

取引停止を言い渡された銀行の支店長に対しては「私が自分の信じた道を歩めるように遣わされた神様だったのでは」と感じるほどで、今では感謝さえしています。

人生には何ひとつ無駄なことはなく、本当はありがたいことの連続なのだと思います。どんな状況であっても落ち込まず、腐らず、ベストを尽くすことが大切なのでしょう。

純粋に、誰かの役に立ちたい、地球を護《まも》りたい、という気持ちを表現し、それをミッションとしてやっていく覚悟が持てたとき、ようやくビジネスとして軌道に乗りはじめたように感じます。

自分だけが儲けよう、得をしようというエゴからの発想では、宇宙は完璧なダイアモンドなど作らせてはくれなかったでしょう。

心身のエネルギーを「中庸」にする

完全反射のダイアモンド事業をスタートして、かれこれ16年になります。

クライアントがその心身のエネルギー状態にもっとも合っているダイアモンドと出合えるように、これまでサポートしてきました。その数、16年間で、のべ1万件に上ります。1万個ものダイアモンドが、相性ベストの方のもとへ巣立って行ったということを思うと感慨深いものがあります。

「輝きを放っているだろうか?」「皆さんを守っているだろうか?」「大切にされているだろうか?」と、石たちに思いをはせるのですが、まさに娘を嫁に出した親の気持ちです。

この宇宙のすべてのものは、固有のエネルギーを持っています。私たち一人ひとりもエネルギーが違います。

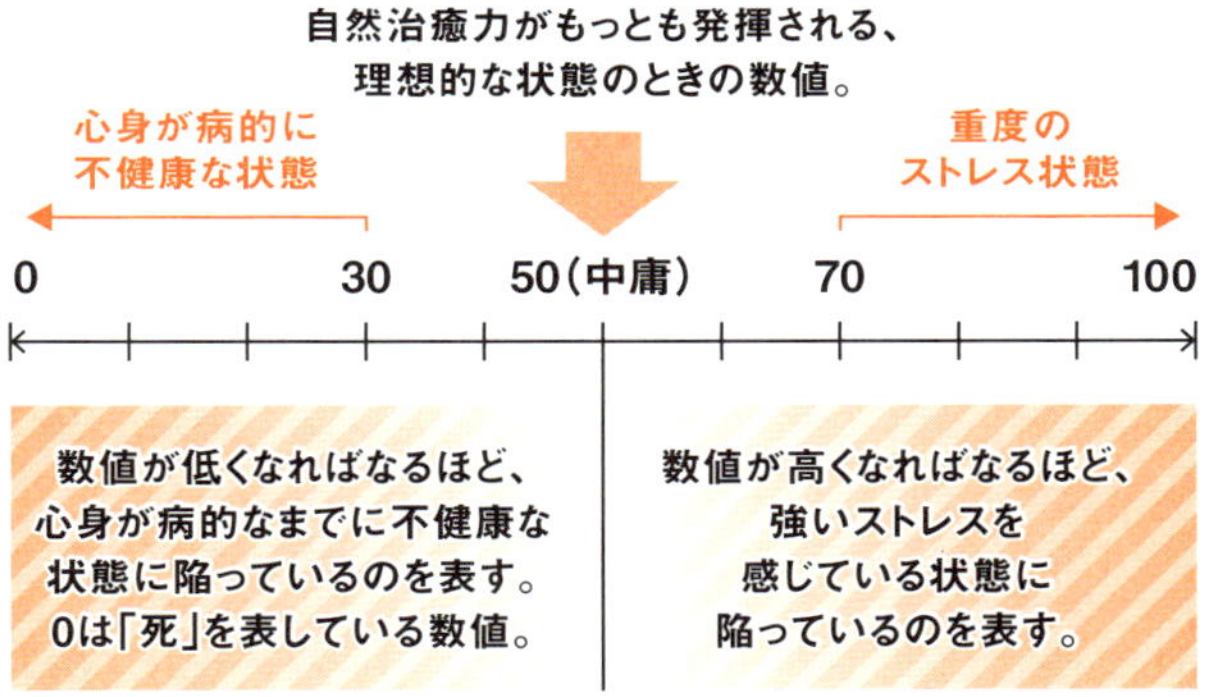

同じように、**ダイアモンドも色や傷の有無、純度などにより持っているエネルギーが個体によりまったく違う**のです。

それゆえ、持つ人とダイアモンドとの間に、「相性」というものが生じてきます。相性のいいダイアモンドを持たなければ、癒しの効果は得られません。

では、どうやって、人とダイアモンドの相性を調べるのか。

それを可能にしたのが、エネルギーバランス測定器（ＥＡＶ）という機械でした。

ＥＡＶとはドイツ製の医療機器で、心身の状態を調べたり、最適な薬を見つけたり、適量を測る目的で、主にヨーロッパの医療機関で利用されています。

この機械を使い、数多《あまた》あるダイアモンドのうち、どれを持ったときにその人のエネルギーバランスが「中庸（数値50）」になるのかを測定するのです。

私たち人間は、エネルギーバランスが中庸であるときにもっとも健康的に生きられ、生命力を輝かせることができるのです。

完全反射のダイアモンドを持たなくても、エネルギーバランスが中庸な状態を保っている身近な存在がいます。

それは、生まれたばかりの赤ちゃんです。赤ちゃんは高エネルギー状態なので、常にバランスが取れています。赤ちゃんを測定すると、無条件でＥＡＶの数値は50を指します。

赤ちゃんがその場にいるだけで、まわりの人たちは気持ちがほぐれて笑顔になりますね。それは、赤ちゃんが癒しのエネルギーを放っているからなのです。

そして興味深いことに、通常、健康な子どもは9歳前後までずっと生まれたときのエネルギー状態を保つようです。

ですが、10歳を過ぎ、自我が芽生えたり、社会性が育ったりすると、大人と同様に周囲の影響を受けてストレスを抱えるようになるため、ＥＡＶ測定の値も少しずつ50から離れて変化していきます。

大人になるころには、大抵の人が高すぎたり低すぎたりと、不安定な数値になり、皆さんなんらかのストレスを抱えていることが見て取れるようになります。

さらに、パソコンや携帯などの電磁波の影響を受けると、数値は一時的に47以下に落ちていく傾向にあります。具合が悪くなるのは当然です。

また、すでに病気を発症している人のエネルギー状態を示す数値は、病気の進行に比例して低くなります。

それでも、**自分に合った完全反射のダイアモンドを持つだけで、バランスの取れた中庸のエネルギーになる**のです。

数値が50になるダイアモンドを身につけるということは、**子どものころのもっとも純粋なエネルギー状態に戻す**ということ。「エネルギー的にもっとも安定していた、本来の自分自身に戻る」ということなのです。

完全反射のダイアモンドは永久にエネルギーが変わらないことが判明しています。エネルギーが劣化しないのです。完全反射というのは、光が常に内部を循環するということであり、それゆえ自浄作用が働くからです。
エネルギーは強いほうから弱いほうへ流れ、影響を及ぼすという物理法則がありま
す。地上でもっとも硬いダイアモンドは高エネルギー体ですから、身につけているだ
けで、人間のエネルギーを中庸状態に保つのです。

癒しの力を持つ幾何学模様

現在は、さまざまな研究結果のもと、完全反射を可能とするカットを5種類まで増
やすことに成功しました。
『サン』『ムーン』『アース』『コスモゲート』『バース』の全5種類です。
ひとつのカットを完成させるのも苦労なのに、5つのカットを誕生させることがで
きたのは、決して私だけの力ではありません。
起こることには意味があり、大いなる宇宙のサポートが働いている。だとしたら、

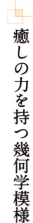

	サン	**ムーン**	**アース**	**コスモゲート**	**バース**
カット	正方形を2つ重ねた58面	正方形を2つ重ねた58面	正方形を3つ重ねた88面	正方形を4つ重ねた129面	正三角形を上下に重ねた66面
幾何学模様	8本の矢印	8本の矢印	12本の矢印	十六菊花紋	六芒星
エネルギー	強い輝きと陽のエネルギー	穏やかな輝きと陰のエネルギー	陰陽統合のエネルギー	宇宙とのエネルギーの送受信を助け、脳の活性化と高次元に導くエネルギー	宇宙根源の光、生命そのものを表すエネルギー
癒し	肉体を癒すのが得意	精神性を癒すのが得意	肉体と精神のバランスを取って進化をサポート	宇宙意識が強く残っているため、抽象度が高く、からだの進化を促進	あらゆることを経験後、自分本来の生き方に目醒め、本来の自分を取り戻す

これは現代の地球に必要だからと、宇宙が物理的に送り込んでくれたものだと思うのです。

ダイアモンドの研磨というのは、古代の神秘学の延長で、丸・三角・四角の形をダイアモンドの石の上に再現することだと私は捉えています。

リフレクションスコープという光の内部反射を確認する機器を使って観察すると、光が完全反射する状態の証明として、個性的な黒いシンメトリーの神聖幾何学模様がくっきりと現れます。

この**神聖幾何学模様が、完全反射のダイアモンドが持つ癒しの要**です。

5種類のカットにより現れる神聖幾何学模様が異なることから、それぞれのエネルギー的特徴も異なってきます。それゆえに、人に働きかける作用も違い、癒しとエネルギー活性化の得意分野が生まれます。


一般に流通しているダイアモンドは、研磨の精密度の低さから神聖幾何学模様にゆがみが生じてしまうため、癒しという効果が認められないのです。


これら5種類のカットは、私の意思で作ったというよりも、その都度、ベストなタイミングで、地球と人類に必要なサポートエネルギーとして誕生してきたように思います。

宇宙と社会の流れが加速し、私たちの心身の変化も自ずとスピーディになり、肉体や精神の癒し、脳や魂の癒しが必要となったときに新しいカットが完成してきました。

そこには計り知れない宇宙からの導き、あるいは、進化した星の存在たちの助けがあったのではないかと思います。

最初は5種類のなかで一番惹かれるカットを直感で選んでいただくのですが、そのなかで測定していくと、比較的スムーズに相性がベストのダイアモンドが見つかります。

ダイアモンドと人も一期一会なのです。

純粋なエネルギーで自分らしく生きる

この宇宙のあらゆるものは、固有のエネルギー（波動）を放っています。

身につける服、食べ物、身のまわりの物、かかわる人、環境、電気、空間を飛び交う通信電波など、さまざまな「波」の干渉のなかで私たちは生きていて、常に影響を受け続けているわけです。

同じエネルギー同士は共鳴し、引き寄せ合います。

一方、波と波がぶつかると大きな波紋となり、それが自分に押し寄せてくると、感情が揺れたり、思考がブレたりするのも当然です。

よく「ポジティブシンキングが大事」といいますが、現代環境でありとあらゆる影響を受け続けるなか、四六時中ポジティブを保持することなどできないでしょう。

それゆえ、自らが進むべき方向性を見失わないために、目標や志、ビジョンを持つことは大切です。

無邪気で純粋で、とらわれのない赤ちゃんのころと同じエネルギー状態で、志を持って素直に生きるとき、必要なものが引き寄せられて、心の揺れや迷いというブレがなく、自分の思いどおりの人生を歩むことができるのだと思います。

完全反射のダイアモンドを持つことで、親和性が増し、人との出会い、新しい人脈の広がりを実感される方がたくさんいらっしゃいます。

また、選択に迷いがないので、**決断と行動も早くなります**。

こうした変化を実感するほど、自信が確信に変わり、意識もポジティブに前向きになり、加速度的にその方は運気を向上させていけるのです。

人生というのは常に選択の連続です。

私には、目に見えないものが見えたり聞こえたりという、霊的な能力はまったくありませんが、必要なものはかならず与えられるという、宇宙への絶対的な信頼があります。

何か決めなければならないことがあると、その都度、将来の夢を明確にして自問自答をくり返し、考え抜いた先に、インスピレーションで答えが与えられ、ベストな選択をしてきたと思っています。それは完全反射の光に守られ、導かれていたおかげなのです。

今は霊性が高まっている時代だとお聞きします。

目に見えない霊的な世界が量子物理学の分野で、科学的に語られる時代です。ありとあらゆる精神世界の情報があふれていますが、私はこう思います。

神社が好きな人は、神社めぐりをすればいい。

ヨガや瞑想が心地よいのであれば、それを熱心に続ければいい。

タロットが好きな人は、カードリーディングを極めればいい。

人を癒すことに喜びを感じる人は、ヒーラーやセラピストとして活動すればいい。人にはそれぞれ、心が一番惹かれる何かがあるはずです。

ただ、世のなかの風潮に踊らされて、「神社に通わなければ自分は幸せになれない」「あの人のようになるためにヨガをしなければ」「特別な能力を開花させなければ」などと発想していたなら、それは注意すべきです。

そのような方は自分の内側が本当の意味で満たされていないため、不足感から常に外側に真実を追い求め、次から次へとわたり歩くスピリチュアルジプシーになりかねないからです。

他人の姿を見て、自分も何かやらなければならないと追い込まれて行動する先に、真の幸せを見つけることは至難でしょう。

素の自分を認め、純粋な本来のエネルギーに戻ることは、自分軸で生きることに他なりません。物事の見方に裏表がなく、あるがままに自分らしく、素直に自己表現をすることです。

そのように、安定感のある自分自身のエネルギーを保ちながら、好きな神社めぐり、ヨガや瞑想、タロットカード、ヒーリングなど、心惹かれる、魂が喜ぶことをすればいいと思うのです。

それこそがもっとも健全で、生きる力を輝かせる道であるといえるのではないでしょうか。

よく、修行を重ねて自分で能力を引き出すことに意味を見出している方は、ダイアモンドを持つことを、依存的だと思われるようですが、それは誤解です。

完全反射のダイアモンドを身につけたら、いきなりパワーアップしてスーパーマンになれるとか、運気が上がって何でも思いどおりに人生が展開するといったミラクルが起こるわけではありません。

完全反射のダイアモンドは、ただ、邪気がなく自然界と調和が取れていた状態を思い出させてくれるだけなのです。

そのエネルギーでどう生きるか、どう行動していくかは、すべて自分次第なのです。

宇宙とつながり、健全に生きる

最近は、すでに完全反射のダイアモンドのことを理解され、「自分にとって必要だと感じたから」と意思の明確な方との出会いが増えてきました。

また、ヒーラーや気功師といった、霊性の高い方もいらっしゃいます。彼らは自力で中庸のエネルギーに自分を整えることができますが、寝ている間は無防備になるため、それを完全反射のダイアモンドがカバーしてくれる、と興味を持たれます。

さらに、医師など、不調なからだに実際に触れる機会が多い方もよくいらっしゃるようになりました。

彼らは日ごろネガティブなエネルギーにさらされ、自身も体調を崩しやすい環境にあります。自身の健康を守るため、完全反射のダイアモンドにより、常にエネルギーバランスを中庸にしているのです。

多くの方が**「このダイアモンドを持つと、自分だけでなくまわりの人々も癒してあげられる」「地球を護ることができる」**という点に着目してくださっていて、まさに私がこのダイアモンドをとおして実現したかった志を後押ししてくれています。

より柔軟に軽やかに自分らしく生きよう、人や社会、地球のために貢献しよう、という思いは、人間本来の純粋性の表れであり、宇宙の真理なのだと思います。

令和の時代は、すべての人が自分本来の輝きを放ち、イキイキと人生を歩めるとき。宇宙とつながって、自然とともに生きるのが理想です。

その理想郷の実現に向けて、現在、プロジェクトが進行しています。

満天の星空を望む丘に、リトリート施設やセミナーホールが隣接する研磨工場を作る計画です。

そこに多くの方々をお迎えし、大自然のなかで癒されたり、本来の自分を取り戻したりしていただけるよう、具体的なビジョンを思い描いています。

天体のエネルギーが注がれる新たなアルカダイアモンドは、一体どんな輝きを見せてくれるのかと、私が誰よりもワクワクしているのです。

物理学、医学のスペシャリストとのご縁に導かれて

ＥＡＶは本来、必要としている薬の種類や適量を調べるために使われるものです。その人の身体のエネルギー状態が数値でわかり、測定するものによって、身体の反応が、数値の違いで端的に明確に出ます。

個性豊かなダイアモンドのなかからふさわしいひとつを探し出すことも、効率的に正確に行えるわけです。

人のからだは、エネルギーが中庸になることで本来の免疫力、治癒力、生命力が自然と発揮されている状態になるといえます。

不調和だった心身のエネルギーが調和して、もっとも安定している状態になるからです。

ですが、正直、以前の私は、完全反射のダイアモンドがどのような作用で人の心身に働きかけるのか、科学的・論理的にはまったくわかっていませんでした。

ただ、身につけた方々が、健康を取り戻したり、精神的に安定したり、人間関係が円滑になったり、仕事や結婚などの望みを叶えたりして、自分らしくいきいきと人生を歩むように変化していかれるのを見て、「やはり完全反射のダイアモンドには、特別な力がある！」と確信を深めていっただけだったのです。

具体的な実例をもとに、「完全反射するダイアモンドは人を癒す」という現象を、例外なく証明してきたのです。

ところが、２０１８年、ついに完全反射のダイアモンドが持つ、癒しのメカニズムが科学的に明らかになりました。

解明してくださったのが、理論物理学者の保江邦夫先生だったのです。

最新の素粒子理論を研究する世界的な物理学者でありながら、宇宙や神の世界、霊性に関する造詣が深く、知る人ぞ知るＵＦＯ研究家でもあり、講演会ではたちまち参加者を笑いの渦に巻き込んでしまうほど、エンターテイナーでもあります。

好奇心旺盛で、少年のように純真なハートを持つ、実に人間的な魅力にあふれた方です。

保江先生は人の生命力について、要である細胞の光の存在について、誰よりも知る人物でした。

その特殊な光の名は「エヴァネッセント・フォトン」というそうです。

そして、**完全反射のダイアモンドのキラキラとした光も、エヴァネッセント・フォトンと同質であること、そのためダイアモンドを身につけることで細胞が活性化されることを、科学的かつ論理的に説明してくださったのです。**

さらに、雑誌での対談企画の際に、お連れくださったのが矢作直樹先生でした。

矢作先生は、東京大学医学部救急医療センターという医療の最前線で、長年、陣頭指揮を執られていた名医でいらっしゃいます。

名著『人は死なない』というインパクトのあるタイトルの本を世に出され、一躍、ときの人となりました。

私も読者として出合ったのが最初ですが、実際にお会いした矢作先生も、ご著書を読んで受けた第一印象どおり、とても誠実なお人柄と、決して揺らぐことのない芯の強さを感じさせる方でした。

穏やかな口調でやさしく微笑みながらお話しになるお姿に、**まさに天性の医師、すなわち「癒し人《いやびと》」**だと思いました。

おふたりは、お互いにリスペクトされていらっしゃる様子で、確かな信頼関係で結ばれていることが見て取れました。なんと地球に転生してくる以前、宇宙時代からの「魂友」でいらっしゃるのだとか。

保江先生が、矢作先生から届いた手紙を手にしただけで号泣されたというエピソード（第4章で紹介）を伺い、おふたりの絆の深さを感じました。

顕在意識でまったくわからなくても、前世の記憶というものが魂にちゃんと刻まれていて、何かのきっかけでよみがえるものなのでしょう。

それぞれ物理学と医療の第一線でご活躍され、重要なお役目を果たしてこられたおふたりのお話は大変に興味深く、お会いすると話が弾んで楽しい時間を過ごすことができます。

私が独自に探究してきた「人を癒すダイアモンド」の研究は、まるで畑違いのように見えて、実は物理学と医学にも通じるものがあったのです。

専門家であるおふたりの解析によって、完全反射を実現したアルカダイアモンドの新たな魅力が引き出されてきました。

今回、この本のために3人でお話をしていたなかで、完全反射のダイアモンドが持つ本質的な癒しの作用についてひも解かれたのです。

保江先生と矢作先生への深い感謝の意と御礼を、本章の結びとさせていただきたく思います。

誠にありがとうございました。

次章では、古代の縄文人の話から宇宙人による教育論、光と音による最先端の癒しの話まで、さまざまな話題で盛り上がった3人のトークをお楽しみください。

第4章

スペシャル対談

保江邦夫×矢作直樹×迫 恭一郎

この出会いは、神様の計らい

迫　はじめて保江先生にお会いしたのは、2018年の年明けに開催された先生の講演会でしたね。ビオ・マガジンがご縁をつないでくださって、その後、雑誌『anemone』での対談が実現しました。

さらに矢作先生をご紹介いただき、楽しい時間をご一緒させていただけることは非常に光栄なことだと、いつも感謝しています。おふたりとの出会いは、私の人生にとってすばらしいギフトだなあと思うんですよ。

保　僕のほうも不思議なご縁を感じます。迫さんにお会いしたことで、かつて熱心に取り組んだ研究の詳細をふたたび思い起こすことになるとは。とてもうれしい出会いでした。

僕はかつて脳神経組織の研究により、脳細胞の表面に「エヴァネッセント・フォトン」という特殊な光が存在することを発見しました。20年以上も前のことです。

その後、いろいろな論文や資料を調べたりして、ダイアモンドやガラスなどの完全反射する物質の表面にも、エヴァネッセント・フォトンの光がにじみ出ることもわかりました。

これは物理学者なら常識的に知っていることですが、僕は生命力としての細胞の光への興味からエヴァネッセント・フォトンの研究をしたので、かなりくわしかったわけです。

ですから出版社の社長さんに、完全反射するダイアモンドを研磨している会社があると伺ったときは、久しぶりにエヴァネッセント・フォトンのことを思い出して、俄然、興味が湧いたのです。それまで完全反射する実物にお目にかかったことがなかったので、それはぜひ見てみたいと……。

迫　最初にお目にかかったとき、エヴァネッセント・フォトンというワードが初耳でしたから、私もスタッフ一同も勉強しました。

保　研究していた当時の論文や資料は捨ててしまって、実は何ひとつ残っていないんですよ。

個人的なお話をすると、僕は15年前にがんが見つかり、「早ければ余命2ヶ月、長く持って2年」という宣告を受けました。

苦しいのは嫌だったので、いっさいの治療を拒否しました。もしあのときなんらかの治療をしていたら、おそらく今ここにはいなかったでしょう。

余命宣告を受けたときはもう覚悟を決めて、人生を清算しようと考えました。それで、岡山にあった自宅を建ててくれた土建屋の監督に、家を壊して更地にしてくれないかと、病院から電話をかけたのです。何度も慰留されたけれど、「もうすぐ死ぬから、残された家族に面倒かけなくてすむようにしたい」と頼み込んで、綺麗さっぱり処分してもらいました。

そのときに物理や数学の専門書、それまでの研究資料や論文などもすべて処分してしまったわけです。ただし、子どものころから集めたＵＦＯ関係の本が２００冊ほどあって、それだけは残してもらいました。今思うと、捨てなくてよかった（笑）。

迫　相当な覚悟をされたのですね。

保　はい、本当に死ぬと思っていましたから。ところがその後、導かれるようにフランスへ渡り、ルルドでマリア様の奇跡をいただいて命を救われた。そこが人生の大きなターニングポイントでした。

余命宣告された2ヶ月を過ぎたころ、まだ頭に「保ってもあと2年」という思いがあった。だったら「やりたいことをやろう、好きにしよう！」と決め、自由に生きはじめたんです。

戦闘機のコックピットを海外から輸入して、自宅の庭に置いたり。『ターミネーター』のアーノルド・シュワルツェネッガーに憧れ、猟銃免許をとってショットガンを手に入れたり……。好き勝手の人生を貫いたおかげで、病気のほうがしっぽ巻いて逃げていってくれました（笑）。

迫　死に向き合うという貴重な経験をされた先に、現在のご活躍があるのですね。生きてお会いできて本当によかったです。

矢作先生とはどこで出会われたのですか？

保　あるとき偶然、矢作先生のご著書『人は死なない』の広告記事を目にして、不思議と懐かしさを覚えたんです。ああ、竹馬の友がこんなところでがんばっているんだなぁと……。

それでふと思いついて、一方的に自分の本を矢作先生へお送りしたんです。不躾なことに手紙も添えず、本だけ送った（苦笑）。

迫　直感に従ったわけですね。矢作先生は保江先生にどんな印象を持たれたんですか？

矢　送られてきたご著書を読ませていただいて、非常に共感しました。

それで私から、お礼の手紙をお送りしたんです。そのときなんとなく、保江先生がおからだのことを気にされているように感じられたので、知人の治療家をご紹介したいとも思ったのです。

保　そのお手紙がすごかった。封を開けようとしたら突然に涙があふれて、そのまま30分ほど泣きっぱなしでした。まさに魂が震えるという感じで。

その理由が後になってわかったんですが、知り合いのチャネラーによると、僕と矢作先生は地球に来るずっと前から、魂的に深いご縁だったそうです。

2人ともかつてアンドロメダ星雲で生まれ、他の星々で何度か転生をしたときも、ずっと一緒に重要な活動をしていた。そして、シリウス星での宇宙センター司令官と副官を経て地球にやってきて、ようやくまた再会できたことがうれしかったんですね。魂はすべてを記憶しています。頭で把握していなくても、ハートが反応するんです。

迫　それほどご縁の深い仲なんですね。

保　迫さんとも過去生のどこかでかならず一緒だったはずですよ。覚えていないだけで、今出会っている人は皆そうなんです。

細胞を活性化させるエヴァネッセント・フォトン

保 僕が発見したエヴァネッセント・フォトンというのは非常に特殊な光で、一般的な光が空間に放射されて自由に伝播していくのに対して、光がその場にずっと留まっているのが特徴です。

完全反射するように磨かれたダイアモンドの場合、反射した光が研磨された一つひとつの面の表面に、ぺたっと張りつくように現れています。光があたっているときは、表面にいつもエヴァネッセント・フォトンがにじみ出てきているのです。

だから、もし細胞のエヴァネッセント・フォトンを増やそうと思ったら、完全反射の光を利用するのがもっとも簡単で効果的だと、理論上わかっていたのです。

迫 ダイアモンドの屈折率は約2・419と宝石のなかでもっとも高いので、一番反射しやすいのです。他の石やガラスなどでは、完全反射にするのはむずかしいと思います。

そのダイアモンドも、完全反射に磨き上げるのは容易ではありません。

ダイアモンドの上部から入った光が、下部のどこからも漏れることなくふたたび上部に戻ってくるのは、計算で導き出されたとおりの面の大きさや角度に、完璧に研磨していて、ズレもゆがみもいっさいない場合だけです。

一般に流通しているダイアモンドは正直なところ研磨が適当なので、上から入った光は下側で外に漏れてしまいます。エクセレントという評価のダイアモンドであってもカットが完璧ではなく、どこかにゆがみや角度のズレはかならずあります。

保　完全反射のダイアモンドに今までお目にかかれなかったわけですね。物理的な話、完全反射でなければ、エヴァネッセント・フォトンは出てきません。

太陽や照明の光が完全反射のダイアモンドにあたっている間ずっと、その表面にエヴァネッセント・フォトンがにじみ出ているのです。そのとき、からだのどこかにダイアモンドを触れさせるようにすることがポイントなのです。

そうすれば、ダイアモンドのエヴァネッセント・フォトンが細胞のエヴァネッセント・フォトンに常時働きかけて、細胞を活性化します。それにより、エネルギーの低下した人でも調整されて元気になるはずです。

迫さんにお会いしたとき真っ先に、ダイアモンドを固定している金属の裏側がどうなっているのかお尋ねしましたよね。塞がれていたら意味がないので「金属の裏は開いていますか？」と。そうしたら「開いています」とおっしゃったので、さすがと思いました。

迫 物理的な効果を狙ったわけじゃありませんよ。私はエヴァネッセント・フォトンのことをまったく知らなかったので。理屈じゃなくて、裏を開けたのは、単純に石の輝き方が断然綺麗だったからです。どうしたら最高に輝くか、美しくなるかと発想するとそうなります。

逆にイミテーションのものは、裏を塞いでいるんですよ。裏から見ると石が偽物とバレやすいのです。

本物はちゃんと下を開けているというのは、それが昔からの叡智だからかもしれないですね。古代のほうが、石の持つエネルギーのことがわかっていて、それを利用していたはずですから。

保　そうでしょうね、きっと。

迫　石にも個性があり、一つひとつエネルギーが違います。私たちはＥＡＶ測定によって、その方の心身のエネルギーがベストバランスになる石を探し出してご提供していますが、身につけてから「疲れにくくなった」と多くの方がおっしゃいます。

保　それはエヴァネッセント・フォトンが生命力を高めているからです。
細胞への働きかけということでいえば、気功師やヒーラーのような人たちが、手かざしによって弱った細胞を復活させます。彼らは手から出る電磁エネルギーを作用させて細胞に影響を与え、水と光の結びつきを助けてエヴァネッセント・フォトンを増やしているからだと考えられます。それと同じ原理かもしれません。

迫 それがいわゆるヒーリングの起こる仕組みですか。

保 そう。単純にエヴァネッセント・フォトンを活性できれば細胞も活性化されて、心身は元気になってくるということです。

僕の場合は、長年、愛魂《あいき》(合気道の合気と同義)をやっているので、他の人よりも意識的に、気のエネルギーを全身に循環させることができます。それで多少なりとも、細胞のエヴァネッセント・フォトンの減少を食い止めているのだろうと思います。

エネルギーを可視化する唯一の方法

保 はじめてサロンに伺ったとき、EAV測定を拝見しました。僕の秘書が測定をしていただいて、ちょっとした実験をしましたね。

僕が意識的に自分のからだを愛魂(合気)のモードにした後、秘書の手首に触れて

EAVで測ったら、数値が50の中庸に近づいた。あれは愛で魂を満たし、聖霊をお迎えした状態と同じこと。だから50の数値になるのは当然なのです。

迫 意識で自分のなかに気を巡らせ、エネルギーを安定させられる方は、そうはいませんよ。

以前、禅のお坊さんを測定したことがあります。最初は数値が60台だったのですが、座禅を組んだ後はほぼ50になりました。人間の意識はすごいなと思いましたが、精神統一に20~30分はかかっていたと記憶しています。

ですから、一瞬でエネルギーを整えた保江先生にはびっくりしました。

矢作先生も同様に、1回目の測定から、「ちょっと休憩します」と一瞬部屋から出られて、戻られたあとの2回目の測定ではもう数値が50になっていました。

思わず、「休憩って、何をされていらしたんですか?」とお尋ねしてしまいました。

矢 私が体験させていただいたときは、自分のエネルギーを整えてみたのです。これまでいろいろなところで、自分の意識によって場の浄化を行っていましたから、ニュートラルな状態に整えたら、数値が変わるだろうと予想しました。
実際に数値が50と出て、最初の数値から変化が見られましたので、ＥＡＶ測定は信頼できるんだなと思ったのです（笑）。

迫　ＥＡＶ測定では微細な違いがすべて数字でわかるので、厳密に答えが出ます。

矢　私の場合、自分の感覚で確信が持てていても、第三者には伝わらないことが多々あります。その意味で、この機械は見えないエネルギーを可視化できるところがすばらしいし、非常に客観的だと思います。

電磁波から身を守ってくれる完全反射の光

迫　私たちの暮らしは便利になった反面、心身の健康を脅かすさまざまなものに囲まれることにもなってしまいました。体質的にエネルギーに敏感で、身のまわりの電磁波に反応して、生活がまともにできない人が増えているとも聞きます。

ですが、今さら昔のような暮らしには戻れないわけで、いかに電磁波の害を避けて暮らしていくかは人類の課題です。ところが、これといって有効な対策が見つかっていないのが事実です。

そんななか、完全反射のダイアモンドを身につけると、電磁波の影響を受けないことをＥＡＶ測定が証明しています。

また、敏感すぎて波動が下がり、ネガティブなエネルギーに同調してしまう「霊障」という現象がありますよね。現代人はそういう状況の方が少なくありません。

霊障の状態だと、心ここにあらず、といったような精神状態で、心身に支障が出たり、トラブルをくり返してしまったりすることがありますが、完全反射のダイアモンドをつけたら霊障がピタッと出なくなったケースがかなりあるのです。

つまり、完全反射のダイアモンドは、あらゆる面でプロテクトになるということが証明されたんだろうな、と感じました。

保　細胞のエヴァネッセント・フォトンが強化され、同時にエネルギー体が中庸のもっとも安定した状態になり、他の影響を受けにくくなると考えられます。

迫　電磁波や霊障などがそこにあっても、光のバリアで跳ね返してくれるイメージでしょうか。そういうアイテムは、今の社会では貴重だと思います。特に霊的に敏感な方は、決定的な対策がないでしょうから。

保　場の浄化をしたり、ネガティブな要素を封じ込めたり、いわゆる念の力や意識でエネルギーをコントロールできる方は、自分の身を守ることもある程度まで意識的にできると思います。

けれど、さすがに眠っている間は無防備になりますから、守護の力が弱まることは仕方のないことです。

それが完全反射のダイアモンドを身につけると、24時間、意識しなくても守られるというのは便利ですし、安心感が違うと思います。何よりエネルギーの消耗が少ないでしょう。

ＵＦＯに乗せられ進化した星を見てきた高校教師の話

保 昨年（２０１８年）、僕は地方の高校に招かれて講演をしました。連絡をくれたのはひとりの男の先生で、いじめ防止対策をテーマになぜ僕を選んだのか不思議に思いつつ、翌日に大事な予定があったので日帰りで行きました。

講演が終わって校長室に呼ばれ、お茶をごちそうになっていると、校長が「私はＵＦＯをよく見るんですよ」と唐突にいうわけ。そうしたら、僕を呼んでくれた先生が驚いた声で、「ええっ、校長もそうなんですか。実は私はＵＦＯに乗せられたことがあるんです！」と話しはじめたんですよ。

彼は僕がＵＦＯの研究をしていることを知っていて、自身の貴重な体験を伝えたくて招いてくれたんだけれど、いつ切り出そうかと思っていたらしい。

迫　日本でも実際にＵＦＯに乗った人がいるんですか。

保　気づいていないだけで、迫さんも寝ている間に連れて行かれているかもしれませんよ（笑）。

僕もどうやら何度か乗せられているらしく、「どこそこのＵＦＯで保江さんを見ました」っていってくる人がたまにいます。まったく覚えはないのですが（苦笑）。

矢　記憶は消されますからね。

保　はい、そうです。大抵は地球に戻されるときに記憶を消されてしまう。

ところが、その先生は宇宙人と会話したこと、ＵＦＯのなかで体験したこと、すべての記憶を持ったまま帰されているので、とても貴重な情報をお持ちです。

彼の話によると、宇宙人は人間そのものの格好をしているのだけれど、動きや話すときのテンポがずれていて、不自然なんですって。見た感じもピンボケ、話すこともピンボケで、「こいつおかしいな、人間じゃないな」って、わかる人にはわかるらしい。

迫　まわりに宇宙人が紛れているとは思いもしませんが、どこかですれ違っていてもおかしくないんですね。

保　その先生は宇宙に行くまで、宇宙人と何度も会ったと話していました。何度目かのときにようやく、「お前を我々の星に連れて行こうと思うけれど、どうする？　嫌なら断ってもいい」といわれたそうです。

「その言葉を待っていたんだ。今すぐ行きたい！」と前のめりで答えたら、その宇宙人は「私が向こうまで連れていくことはできない。ＵＦＯを呼ぶから、それに乗ってひとりで行ってくれ」と。

しばらくすると、白い光とともにＵＦＯが目の前に現れたそうです。その形というのが傑作で、昔ながらの遊園地にありそうな、タコ足の上にカップが乗った形状の乗り物があるでしょう？　まさにあれだったそうです（笑）。

彼は、「これのどこがＵＦＯなんだ。俺をおちょくっているのか！」と怒ったそうです。すると、「もし本当の姿を見せたら、恐怖感が先立ってお前は乗ってくれないだろう。だから怖がらせないために、わざわざこの形にしてある」と、説明してくれたそうです。

「なるほど、そんなものか」と思って乗り込んだら、なかも安っぽい作りで、「こんなもので本当に飛べるのか？」と半信半疑のまま、彼はシートに座ったそうです。

追 想像するだけで異様な世界観ですね。

保 そうですよね。座っていると、天井のライトの白い光が、見る見るうちに七色に分かれていったそうです。すると、それまでサラッと感じられた光の体感が、だんだんねちっこく、まるで液体のように感じられ、光が全身にまとわりつくようだったと。

同時にハープやフルートの綺麗な音色が、耳に届いてきたそうです。「この音は何だ？」と思っていたら、次第に音楽が遠ざかり、七色の光がもとのサラッとした白い光に戻ったタイミングで目的地の星に到着した。時間感覚としては一瞬だったそうです。

彼がＵＦＯから降りると、そこに出迎えの宇宙人が立っていて、彼はその宇宙人に

「本当に地球から移動してきたのか？　さっきの光と音はどうなっているんだ？」とすぐに聞いたんですって。

するとその宇宙人は「この宇宙のすべての物質は、あの光と音（周波数）で生み出すことができる。ＵＦＯの動作原理もそれを使っている」と教えてくれたそうです。

矢　なるほど。おもしろいですね。

保　それを聞いて僕も「そういうことか！」と思いました。

アインシュタインは相対性理論で、光は速度が上がるほど粘着質になると説明しています。光の速度に近づけば近づくほど、物質よりも光の密度が濃くなり、触れるとベタッとくっつく感覚になると理解していたので、彼は本当にＵＦＯで移動したんだと確信したわけです。

そんな現実離れした状況で、普通ならパニックになりそうですが、その先生は冷静沈着にまわりの状況を観察できていた。それもそのはずで、彼の担当教科は物理だったんです。

迫 だから、その体験を冷静に客観的に受け止められたのですね。記憶が消されなかったのは、保江先生に伝えるためだったのでしょう。

保 「UFOに乗せられた」「宇宙人にさらわれた」という人はめずらしくありませんが、恐怖でパニックになったという報告が大半です。それと、戻ってきたらなぜかからだの不調がなくなった、病気が治っていた、という話をよく耳にしていました。

それはおそらく、UFOで移動する際の、あの七色の光と美しい音色に触れた影響によるのだと、この先生のお話を聞いて腑に落ちました。

光と音で心身を調整する方法は、進化した星々における最先端医療です。

矢 光と音の持つ固有の周波数なり振動には、非常に高い癒し効果があります。

古代の人々は、自然界のエネルギーとともに光や音を用いて、効果的に癒していたはずです。これからの医療は、光や音を使った癒し、いわゆる振動医療がいずれ主流になってくると思います。

迫　それはまさに、完全反射のダイアモンドがやっていることと同じですね。

完全反射のダイアモンドの場合、光をとおしたときの反応、きらめき方が顕著で、上から見ると、七色の光があたり一面に放射状になってパーッと広がります。その様子を観ていると、ダイアモンドの光にはすべての色が含まれていることがよくわかるし、本当に美しいなぁと心が震えます。

保　魂の光とダイアモンドの光が共鳴するのです。完全反射のダイアモンドを身につけることは、細胞のエヴァネッセント・フォトンを増やすという効果に加えて、宇宙人たちも行っている未来の科学技術である、七色の光の癒しを先取りしているわけです。

太陽光に反射して、七色にきらめく光が放射する状態というのは、癒しのエネルギーがかなり高まっているはずです。

迫　スタッフは全員完全反射のダイアモンドを身につけていますから、アルカサロンは「宇宙最先端の癒しのスポット」といえそうですね。

今後は、さらに多くの皆さんに気軽に訪れていただいて、元気になっていただけるサロンにしていきたいと思います。

物質は光と音で作られている

保 海外の大きな教会には、かならずステンドグラスがありますよね。あのステンドグラスは、実は七色の光を取り込むためのもっとも簡単な道具なのです。

ある日ある時間になると、祈りを捧げる祭壇前の空間に、ステンドグラスを通過した太陽の光がちょうど射し込むように作られているのです。

ステンドグラスを通過した光が白い煙にあたると、祭壇の前でカラフルな色の煙が立ちのぼり、不思議なうねりや形となって現れます。そのタイミングで、パイプオルガンの精妙な音楽やグレゴリア聖歌の荘厳な曲を、教会内に響かせていました。

「光と音であらゆる物質を作ることができる」と宇宙人が教えてくれたように、キリストが活躍していた当時は、そうして七色の光と音を使って儀式を行い、特別な力を得ようとしていたのでしょう。

迫 それはまさに錬金術ですね。

保 そのとおりです。太陽光が七色の光になって祭壇に差し込む瞬間、修道士たちがグレゴリア聖歌を歌っていると、教会のなか全体がものすごく精妙なエネルギーに満ちていたと思います。そういうことはくわしく伝わっていませんが、本当は儀式以上のこと、つまり錬金術という秘儀が行われていたと考えられます。

バチカンの司祭たちが宝飾品をたくさんつけていますよね。服も金や銀でやたら派手だし、「聖職者のくせに着飾って」と以前は思っていた（苦笑）。でも後になって、あれは必要なものだったのだと理解しました。

キリストの時代に行われた錬金術の秘儀では、精妙な音楽が流れるなか、何か新しいものが生まれるときに、人間自体が金色に光り輝く瞬間があるそうです。重い肉体の周波数が変容して、霊体としての光が発せられるということで、それを後の時代の人々は、形骸化して洋服で表そうとしたのでしょう。

迫 おっしゃるとおりです。錬金術というのは実は永遠の命を追究することだったのですが、それを行っていたのが宝石を研究する人たちです。

かつて宝石にまつわる書物を読み漁ったとき、そのなかに錬金術の極意として、こんな言葉を見つけました。

「肉体という重い霊体が昇華するとき、尾てい骨からにらせん状に2本のエネルギーが上昇していく。そして黄金の霊体に変わるとき、輪廻転生から外れ、永遠の命を手に入れることができる」

保 なるほど。おもしろいですね。

迫 また、こんな表現もあります。

「すべての物質は『世界霊魂』という、超微小なものでできている。その超微小なものを作ることができれば、命さえも作り出すことができるだろう」

そもそも黄金の霊体に変えることが秘儀であって、永遠の命を作り出そうとしたんですね。

エネルギーと神聖幾何学模様の共鳴とは

保　ギザの大ピラミッドの「王の間」は、癒しのための部屋だったのをご存知ですか？

その当時、王様は体調が悪くなったら王の間に行き、浴槽のようなスペースに入って、しばらく過ごすことでエネルギーをチャージし、復活していたようです。

ファラオが生き返ったとされる伝説も、おそらくその治療施設に入ることでよみがえった現象をいっているのでしょう。

迫　確かに、ピラミッドの形にはパワーがあって、その立体空間のなかに置いておくと、物が腐りにくいといわれますね。

矢 それはピラミッドが、神聖幾何学の完璧な形だからです。

神聖幾何学とは根源的な宇宙法則で、この宇宙の森羅万象、生命の根源を表す基本的な形です。あらゆる物質のもととなる神聖幾何学の形（模様）は、エネルギーが減衰しない立体構造になっていて、無尽蔵に宇宙からエネルギーを取り出すことができます。

そしてそれらの形は、大宇宙から人体の細胞レベルにいたるまで、すべてが相似形になっています。


迫 アルカダイアモンドのなかにも、神聖幾何学が存在しています。

職人の研磨技術によって光が完全反射するように一つひとつ研磨しているわけですが、小さな石の上に神聖幾何学を再現していることになります。

つまり宇宙根源の形を、地球でもっとも不変的なものに置き換える作業が、石の研磨だといえます。

矢 5種類あるカットの違いは、神聖幾何学の形の違いということなんですか？

迫 そのとおりです。それぞれの形が持つエネルギーによって、癒しの効果が異なることがわかりました。

サンは「肉体を癒す」、ムーンは「精神を癒す」、アースは「肉体と精神のバランスを取る」、コスモゲートは「脳を活性化させる」、そしてバースは「本来の自分の生き方を目醒めさせる」というように、それぞれのカットのエネルギー的な特徴を分析しています。

目的に応じて使い分けることができるようになったのです。

矢 今の話は非常に興味深いですね。神聖幾何学だから、完全反射のダイアモンドは宇宙根源のエネルギーに共鳴して、そのエネルギーが変動しないといえるのでしょう。

極端にいえば、「宇宙根源の形から常にエネルギーが湧き出てきて、それが継続する」ということなのではないかと思います。

迫 形の持つエネルギーというのは非常に厳密ですね。

ですから私は常に、その方のエネルギー状態をもっとも理想的な中庸（数値50）にできる石を見つけ出すことを必須としています。

そのために、ＥＡＶを使って手のひらの７ヶ所のツボを測定し、クライアントのエネルギーを測っているのです。７ヶ所すべてが中庸となるダイアモンドでなければ癒しの効果がなく、ご提供する意味がないと考えるからです。


そういえば、あるクライアントのＥＡＶ測定で、こんなことがありました。

完全反射のダイアモンドを身につけて何年かしたタイミングで、その方は測定にいらしたのですが、測ってみると中庸（数値50）にならなかったのです。

通常、ダイアモンドは劣化することはありません。他からの影響を受けることもないので、一度、その方を50にしたのであれば、その石のエネルギーは一生変わらないようです。それを基準にすべてのダイアモンドをご提供してきたので、石自体の数値が中庸にならなかったことに非常に驚きました。例外があるはずはないと……。

そこで顕微鏡を使って細かく検査したところ、肉眼では気づくことのできないほどの小さな欠けが見つかったのです。

この事例で、ほんのわずかでも石が欠けると50にならない、つまり持ち主を癒せなくなることがわかりました。

その石はもう一度磨き直して完全反射にしたところ、また50のエネルギーになり、その方を癒しはじめてくれたのです。

保 なるほど。宇宙の根源に触れる神聖幾何学の精密な形状から、少しでもズレると、エネルギーが変わってしまうというわけですか。

ということは、光が完全反射するというのは二次的なこと、結果としてそうなっているのであって、一番のポイントは「神聖幾何学の形状である」ということになりますね。

つまり、ダイアモンドを神聖幾何学の形状に、1ミリの狂いもなく正確に再現していることに、とても大きな意味がある。それが完全反射のダイアモンドの真髄といえるのではないかと。

矢 おっしゃるとおりだと思います。

神聖幾何学は霊魂のゆがみを調整する

迫 昔から国王や権力者たちが、大きな宝石を身につけていました。それは着飾るためというよりも、大事な国を守るため、ネガティブなエネルギーから自分自身を守るために、宝石の神秘の力を利用していたようです。

保 完全反射でなければエヴァネッセント・フォトンは出ませんから、身につけた目的はもっと本質的なところにあったはずです。
フラワー・オブ・ライフの形が、古代の国王や女王などが身につけていた宝石のカットのなかにも活かされていたと、本で読んだことがあります。神聖幾何学を利用したとすると、やはりひな型である霊魂（霊体）の働きを強化する効果を求めたのでしょう。

矢　昔の人々は、本質である霊魂のほうが大事だとわかっていたんだと思います。

迫　そもそも神聖幾何学の形にはどのような力があるのですか？

矢　神聖幾何学の形状は、宇宙にあまねく存在しているエネルギーに共鳴して、無尽蔵に宇宙からのエネルギーを引っ張ってくることができます。そのエネルギーが癒しにも使えるわけです。

保　ダイアモンドは地上でもっとも強固な物質だから、形が永久に変わらない。神聖幾何学を厳密に再現できるもっともよい素材が、唯一ダイアモンドということになります。

他の素材では、神聖幾何学の形を正確に再現することはむずかしいのかもしれない。

迫　でしょうね。他の宝石やパワーストーンは、何か固いものに触れたら欠けてしまったり、使っているうちに擦れて丸みが出てきてしまいます。それはどうしても避けられません。

保　その点、硬いダイアモンドは、精密な神聖幾何学の形状に一度再現できれば、年月が経っても形状が崩れることはまずない。それゆえエネルギーの不変性を生んでいるわけです。アルカダイアモンドが、他の物質の影響を受けないことも、それで説明がつきます。

完全反射のダイアモンドを身につけているとき、神聖幾何学という宇宙の根源的なエネルギーに共鳴し続けるので、「肉体のひな型である霊体（霊魂）が自動的に調整される」と考えられます。霊魂はあの世で、神聖幾何学の概念が適応されますから。

迫　つまり、完全反射の光は肉体だけでなく魂も癒しているということですか？

保　そうです。アルカダイアモンドが神聖幾何学という完全な図形を再現しているのが事実なら、「ゆがみが生じた霊魂を正すことができる」と、その作用を理論的に説明することができます。

さらに、3次元の物理学的な観点による完全反射のダイアモンドの特徴は、「完全反射する表面からエヴァネッセント・フォトンが生じる」ということです。

そして、その光は細胞のエヴァネッセント・フォトンを増やすという肉体レベルの調整のみならず、ひな型である霊魂のゆがみまでも調整できるというわけです。

まさに、『メディカル・ダイアモンド』という名称にふさわしいでしょう。

縄文人が行っていた癒しの手段

保　大きな過渡期を迎えている今の社会で、これまでのやり方ではうまくいかないことが続々と出てくるでしょう。

医療にしても、どうしようもないところまできている。だから、一人ひとりが目を醒まさなければいけないわけです。

僕は、古代の叡智である縄文の人々の生き方に、これからの時代を豊かに幸せに生きるためのヒントがあると思っているのです。


(矢) それは私も同感です。縄文の人々は現代人よりはるかに霊性が高く、あらゆる生命が調和する社会を築いていました。

でもその後、大陸から人が攻めてきて、縄文人とのハイブリッド（混血）になってからは、頭で一生懸命に考えたこと、あるいは誰かえらい人から教えられたことが真実だと思い込むようになってしまった。それが脈々と続いて、自分の思考が極端になってしまったのが現代人です。

現代よりもはるかに豊かで、調和の取れた文明を築いていたのが、超古代のレムリアです。金星から降り立った人々によってレムリアが築かれた、というのが真実です。

レムリア人たちは非常に精神性が高く、高度な技術を持ち、テレパシーを使っていたとされ、宇宙高次の存在たちと交流することで発展していたと考えられています。

シリウス星人、プレアデス星人といった進化した異星人たちの、友好的なサポートがあったということもいわれています。

レムリアは金星から降臨した女神が支配していたといわれています。母性的な慈愛の精神が中心の文明で、人々は争いを好まず、皆が友好的かつ調和的に生きていたようです。

しかし、あるとき巨大津波が起こり、大陸ごとすべて海に沈んでしまった。そのとき、レムリアから逃げた人々が、世界中へ散らばったとされています。今現在、太平洋を囲むように存在している大陸の人たちは、同じDNAを持つともいわれていますが、その一部が私たちの祖先である縄文人です。

迫　縄文人はレムリアのときの文明を、そのまま取り入れていたそうですね。1万年以上も平和が続いたのは、自然と共生し、他者と争わない人種だったからなのでしょう。武器のようなものがいっさい出土していないことからも、それは伺えます。

保　宇宙や自然と調和した生き方だったはずです。からだのどこかを患うとか、病気というものが、縄文時代はなかったのかもしれません。

たとえば、北米大陸にいたアメリカの先住民族や、オーストラリアのアボリジニ、イースター島をはじめとした南の島々の先住民族など、今も昔ながらの心身の調整法を継承している人たちがいます。

アメリカのセドナは、「ヴォルテックス」と呼ばれる地球の強力なエネルギーの湧き出る場があることで有名ですが、そういう場所に身を置くことで、心身のエネルギーが活性化されるわけです。

また、小屋のようなところでホピ族の祈祷師が行う儀式によっても、心身の調整が可能であるとされています。

現代科学から見たら、それらが治療といえるのかと疑問視されるでしょうが、確実にからだは元気になるという事実が現象としてあるわけです。

おそらく縄文の人々も、そのような治療法を行なっていたのではないかと想像されるわけです。これは矢作先生のご専門ですが……。

矢 はい、私もそう思います。

迫 それは、からだのエネルギーをチャージすることを目的としていたのでしょうか？

保 というよりも、いわゆる霊的なからだ、霊体を本来の状態に戻していたのでしょう。キリストなどの霊能力者のパワーも同じことをしていたと思われます。霊体とは我々の肉体のひな型です。

霊体は肉体がこの世に生まれる前から存在していて、適切な素粒子が素領域に入るためのひな型になっています。そこに物質的な肉体が重なった状態で存在しているということ。霊体と肉体の重なり合った融合体が、この地球に生きる私たちです。

霊体にぴったり重なった肉体ができていれば、健康な状態です。ところがさまざまな原因でひな型である霊体がゆがんでしまうことがあります。

すると霊体から肉体がずれた状態になる。するといずれ肉体のほうにもゆがみが現れ、病気の発症や体調不良という状態になるのです。

コンディションを整えて病気の症状を改善するためには、肉体よりもひな型である霊体を優先するほうが効果的なのです。

霊体が正しく動作してくれると、そこで細胞の必要な部分に必要な分子がくっついて、肉体が本来の健康な状態に戻っていきます。
一例を挙げると、僕と同じようにルルドの泉を訪れて病気が治るという奇跡を、多くの人が経験しています。他にも聖地やパワースポットで、同様のことが起こっている。
それも同じ原理で、霊体のほうが本来の状態に戻ることで、肉体の病気が消えていくからと考えられます。

矢 霊体がひな型で、肉体がひな型に合っていれば健康というのは、非常にわかりやすいですね。

保 でしょう。たとえゆがみが生じても、本来の状態に戻そうとする自然治癒力は、すべての人が持っているはずなのですが、加齢などさまざまな影響によってエヴァネッセント・フォトンが減少し、本来の力が充分に発揮されていないわけです。

迫 その点、矢作先生はまったく年齢を感じさせません。生年月日が私と4日しか違わないのに、エヴァネッセント・フォトンが失われていかないのはうらやましいです（笑）。

保　矢作先生の場合、細胞の光を常に活性できている。それは「中今」に生きているからでしょう。

矢　それと毎日、心臓に感謝していることが、効果を発揮しているんだと思います。感謝のパワーは想像以上です。

情報過多の今の時代は、大量の情報が押し寄せてきて、脳が処理しきれない状態です。ストレスを抱えるのも当然で、情報に翻弄されて何が真実かわからないし、大切なことを見極められない。そんな「青い鳥症候群」の人が増えているようです。

少し前に「自分探し」という言葉が流行りましたけれど、ここではないどこかに幸せがあると思いこんで、外へ外へと探しに行こうとする人、セミナーやワークショップをはしごする人は、未だに大勢いるのではないかと。でも、大事なものはどこを探しても見つかりません。

なぜなら、自分のなかにすべてがあるわけです。本当は外側に探す必要はなくて、中今で無心になり今を生きることを心がければ、それでうまくいくのが当然なのです。

迫 中今は、集中するという感覚とは違うのですか?

保 力を抜いた状態といったほうがいい。

矢 縄文の人々が常に中今で生きていました。西洋の人の感覚だと、「リラックス」という要素が多分にあると思いますね。

厳密にいうと、中今を西洋的な言葉に置き換えるのは無理があるのではないかと思っています。

保 多分、無理でしょう。西洋人は頭で考えてしまうので。

堕天使のことを『ルシファ』といいますが、火星と木星の間にあって、消滅した惑星の名前がルシファなのです。そのルシファ星の住人たちは、思考重視、物質重視、科学重視で意識を肥大させて、物質文明をどんどん進化させたために、とうとう核爆弾によって自分たちの星を粉々に破壊してしまったんです。

そのときの魂が逃げてきたのが地球で、アトランティスを作ったといわれています。彼らはそこでもまた同じ失敗をくり返し、アトランティス文明が滅んでしまった。そして、アトランティスに生きた人たちが、今のヨーロッパに転生しているわけです。

つまり西洋人はアトランティスの末裔なのです。だからヨーロッパの人々は、論理的で科学重視の文明を発達させてきたわけですが、このままではまた同じ過ちをくり返しかねない。

それを食い止められるのが、唯一、縄文人の魂を持つ日本人なのです。調和した世界を築いていたレムリアの流れ、科学技術一辺倒ではなく、愛と平和のもとに共存するという思想を受け継いだ縄文の人々。そのあり方、生き方が中今なのです。

中今は高次元宇宙とつながっている状態

保　中今の状態は、一見、非生産的で何もしていないかのように見えますが、それでいいんです。中今状態になれば、アンテナが勝手に宇宙の高次元とつながって、必要な情報が何でも出てくるのです。

検証はできないけれど真実です。すべての答えは自分のなかにある、というのはつまり、宇宙とつながっている自分だからです。

迫　おっしゃることは、とてもよくわかります。EAV測定で、その人の体の反応（電気の流れるスピードの違い）を調べるのですが、たとえば、このサプリメントは飲んだほうがいいのか、飲まなくていいのかを教えてくれるし、飲むなら適量はどれほどかを明確に教えてくれます。

もともとからだに備わっているセンサーが、自分にとって必要なものをわかっていて、反応している。つまり、からだはすべての答えを知っているということですよね。

保　そのとおりです。

迫　だとしたら、「人間は神そのものなんだ」と実感するわけです。長年、ＥＡＶ測定をしてきて、そういう結論にたどりつきました。

矢　つまり、私たちは「神人合一《しんじんごういつ》」なのです。

迫　そうですよね。特に日本人は「人間は神そのもの」という実感があると思います。その状態で生きていけばいいわけですよね。

保　本当の意味で「神国日本《しんこくにっぽん》」ということを、一人ひとりが自覚し、感謝することが大事だと思います。この日本に暮らしているというだけで、私たちはすでに守られています。

この日本列島の空間は、素領域間のエネルギー密度が非常に濃いのです。つまり愛と調和のエネルギーが満ち満ちている状態で、それは神様が存在していることを意味しています。

いってみれば日本列島全体が、神様のベールですっぽり包まれているようなもの。だから、外国から戻ったとき、「ああ、神の懐に戻ってきた」と安堵する気持ちが湧いてくるんです。

実は、そんな神の存在を、私たちは常に全身で感じているんですよ。それが日本独特の湿気です。

外国に行くと「乾いている」と感じることがよくありますね。そうした皮膚感覚は、物理的に水分があるとか、ないということはまったく関係なく、エネルギーの密度だったんです。湿気こそ、神そのものだったんです。

日本が神国というのは、単なる精神論ではなくて、物理学の世界で証明できる事実なのです。

エジプトのピラミッドの王の間にはじめて入ったとき、明らかに湿気を感じたんですよ。そのときは、王の間を作っている壁が赤色花コウ岩で、水分を含んでいるからだと解釈していた。

でも改めて思い返すと、あれは湿気じゃなくて神の気、「ご神気」だったんだな、と。王の間には確かに神がいたんですよ。

迫 保江先生が感じられたご神気を、できるものなら私も体感してみたいです（笑）。もしかしたら日本人以外には、気づかれないのかもしれませんね。

保 自然とともに生き、一人ひとりが宇宙とつながっていた時代は、魂がゆがむようなことはなかったでしょう。

ところが、現代の環境はあまりに過酷。多くの人が癒しを必要としていますが、特に今、重要な課題は「魂を癒す」ということだと思います。

矢 そもそも魂があるという感覚を持っていないと困りますね（苦笑）。

私たちは肉体だけの存在ではなく、エネルギー的なからだがあり、その本質として魂があるという認識を、皆が持っていればと思います。医療関係者は特に必要かと。

保　矢作先生はご存知でしょうが、カナダ人の脳神経外科医でワイルダー・ペンフィールドという方がいます。彼は患者さんの脳の頭蓋骨を開いて、いろいろなところに電気刺激を与え、「今何が見えましたか?」「何が浮かびましたか?」と質疑応答していくことで「脳の地図」を見つけたのです。
「人間の意識や心は脳が作っている」と最初に発見した人物として、医学だけなく物理や化学の分野でも知られています。

矢　医療関係者はそれで学びますから。

保　そうでしょう。今も脳神経科学を学ぶと「意識は脳が作っている」と教わります。だから、医師たちはほぼ100パーセントそれを信じこんでいます。
「意識は肉体を超えた次元にある。素領域と素領域の間にある」なんていうと、彼らは「いいや、意識は脳が作っている。証拠はここにある!　ペンフィールド先生の見つけた『脳の地図』のとおりだ」と主張してくるわけ（苦笑）。ところが、ペンフィールドのお墓になんて書いてあると思いますか？「心はやはり脳にはなかった」と刻まれているんです。傑作でしょう。

迫 驚きました！ いまだに間違った情報が信じられているとは。

保 ご本人は生前、本当のことを知りながら、訂正できなかったことを悔いていたのでしょう。この話を知って「ペンフィールドっていい人じゃん」と大好きになりました（笑）。

メディカル・ダイアモンドとしての役割

迫 昔から悟るための瞑想や修行があるけれど、私自身はそれも必要ないと思っています。自分が置かれた環境で、目の前のことをただ一生懸命やっていたら、いずれ年をとって死ぬときに悟れるのだし、ちゃんとあの世へ行けるはず。悪いことをしなければ。なぜなら人間は神そのものだからです。

保 そう。毎日、目の前のことを楽しめばいいんです。自分の使命を見つけなければとか、何者かになろうなどと考える必要もないわけ。

矢 ただ中今に生きていればいいのです。極端な話、この神国の空間のなかにいるわけですから、ありのままの自分で過ごしていればいい。おのずと、生かされていることに感謝があふれてくるはずです。

中今は「中庸」に通じますね。

迫 中今を生きようという思いはあっても、なかなか一歩を踏み出せない方が多いので、そういう方に完全反射のダイアモンドが背中を押してあげられるかと。

ストレス過多の現代は多くの方が慢性的に緊張状態なのに、まったく自覚がない方がたくさんいます。からだはその状態に慣れてしまうから、無理をしていることに自分ではなかなか気づけないわけです。

そういう方でも完全反射のダイアモンドを身につけるだけでニュートラルな自分に戻してくれるので、今よりはるかに楽になれるはずです。


保　海外ではＥＡＶのような機械を使って、もっと細かく調べるようですね。

特にロシアやドイツのドクターは、人間のからだが持つ電気的な性質を徹底的に分析して、再構築して活用するのを得意としています。これから起こるかもしれない病気まで予測し、解明できるようにしています。

日本のドクターも少ないけれど、取り入れている人はいます。

ですが、学会の主流のドクターたちがそれを使うということはしないでしょうね。日本では現段階でＥＡＶは現代医学の外にある概念でありツールですから。

でも、理屈じゃなく実際によくなるのだからいいと思うんですよね。

たとえば、こういった医療の道具以外に、ルルドの水で病気が治ってしまうというような確かな現象もあります。

ルルドの水を飲んだ人の治癒の確率はわずか数パーセントですが、それでも活用できるものがあるなら活用すればいいと僕は思います。

一般的な感覚だと、60〜70パーセント以上の治癒率があるのが理想です。その意味で、完全反射のダイアモンドとＥＡＶ測定は、ルルドの奇跡のようなものと比べても、再現性がかなり高いですし、応用がきくものだと思うのです。

僕の直感では、現代人の多くが活用したいと思う方向にあるものだと感じるので、さまざまなテーマで研究データをまとめ、学会で発表するようなことを考えてもいいでしょう。

迫　たしかに、これまでのＥＡＶ測定の膨大なデータにより、ダイアモンドのカラーとチャクラが連動することなど、いろいろなことがわかってきました。

今後、それを分析して理論的にまとめていこうと思います。

保　ロシアのサンクトペテルブルク研究所でもいろいろな研究をしていて、宇宙人の技術を子どもたちに教えている日本人女性がいるのですが、彼女からロシアの医療に関する話を聞いたことがあります。

その研究所では、失明した子どもたちに透視の技術を教えていて、透視ができるようになると、視力も戻ってくるのだそうです。

外科の手術をする場合、CTやレントゲン写真だけじゃなくて、透視能力のある人が横について患部をスキャンし、リアルタイムに外科医に情報を教えながら共同で手術を行うのだとお聞きしました。

矢 いってみれば、現代医療と霊性のハイブリッドでしょうか。海外ではすでにそういう医療のスタイルの研究が進んでいますね。

保 そうです。ですが、残念ながら日本はそれがなかなか進んでいかない。医者や科学者たちが〝宗教化〟してしまっているのでね（苦笑）。

宗教的ドグマと同じで、医学的科学的ドグマにそぐわないものは、徹底的に排除するという形なので仕方ないです。

日本でも外国で進歩したものであれば受け入れるし、高い評価を受けるようになるのだけれど、そうじゃなければなかなかむずかしいですね。

迫 わが社も早く海外に出て行って、逆輸入の形を取るのがよさそうですね（笑）。

保 そうそう。「人を癒す完全反射のダイアモンドがニューヨークで大評判！」なんて話題になったら、日本でも一気にシェアが広がるでしょう。ニューヨーク、パリ、ロンドンと、拠点ができるといいかと……。

迫 わかりました。『メディカル・ダイアモンド』で海外展開を本気で考えていきます。おふたりの強力なバックアップがあれば、非常に心強いです。

保 新天皇が誕生して、国の象徴が若返ったことで、神国日本のエネルギーは一気に活性化されました。

ここを境にして、社会全体がとてもいい流れになっていくと思います。誰でも中今状態になり、楽に悟れる時代になっていくと、そんな期待が広がります。

矢　皆が中今で自分を生きていけたら、縄文時代のように完全調和の状態があたり前になることと思います。

自然界のあらゆる生命と地球とが調和した、豊かな社会が築かれるでしょう。

保　宇宙エネルギーがもっとも高まっていた2019年5月のタイミングに、新天皇が即位されたというのは、まさに天の采配です。神国である日本は常に、宇宙の流れに沿っているのです。

中今は神国日本としての象徴的な生き方です。一人ひとりがそれを実践していくことで、すべてに調和が取れた世のなかになっていくでしょう。

矢　そうですね。

迫　悟りへの近道ともいえる中今の状態をキープしたうえで、新しい時代にもっと輝きたい方、最高の自分を生きたいという方をどうしたらサポートしていけるか、より深く追究していきたいものです。

令和という美しい調和の時代、皆様の幸せのため、地球の平和を護るため、癒しの光を通じて貢献していきたいと思います。

おわりに

ここまでお読みいただき、ありがとうございました。

わが国の霊性が高まっていることやその仕組み、次世代医療の可能性と希望についてご理解いただけたかと思います。

古来、霊性と医療を分け隔てることなく考えるのはあたり前のことだったのですが、時代が変化するにつれて、それを横に置き、優先すべきことを間違えてきたのが実情です。

ですが、それも変わりつつあります。医学だけでなく、全人的に人間を捉えていくという医療現場が増えてきたのがその証です。

お伝えしてきたとおり、「この世」と「あの世」の壁が薄くなり、すべてが軽やかに変化してしまう時代です。そしてそれは肉体と霊体も同様で、いい悪いに関係なく、お互いの変化がより瞬発的にもう一方へ響いてきます。

医療についての考え方も変わっていかなければ、追いつきません。

西洋医学の力を借りて、進んでしまった疾患と向き合う。

慢性的な不調などについては、ときに全人的に捉えてみる。

さらに、この3次元に神聖幾何学の図形を実現させる、完全反射のダイアモンドのサポートを受け、光と宇宙根源のエネルギーによって生命力を上げる。

これらすべてが癒しです。医学だけが医療ではけっしてありません。

これからの医療は、西洋医学と霊性を主とした癒しのすみ分けがもっと顕著になっていきます。

そのすみ分けを認識し、一人ひとりが医療自体の捉え方を変えていけば、自分の不調がいったいどこからきていて、何を伝えようとしているのか、もっと早く理解できるようになることでしょう。

「からだ」という神様と向き合うことが今よりもっと上手になれば、健やかで安らかな人生を送ることができるようになります。

本書の知識が、あなたの魂とからだが健康になるための一助となることを、心より願っております。

令和元年11月13日

志の会（保江邦夫／矢作直樹／迫 恭一郎）

保江邦夫（やすえ・くにお）

理学博士。岡山市生まれ。東北大学で天文学を、京都大学大学院、名古屋大学大学院で理論物理学を学ぶ。その後、ジュネーブ大学理論物理学科で講師、東芝総合研究所研究員を経て、1982年よりノートルダム清心女子大学教授、2017年より同名誉教授。さらに、キリスト伝来の活人術である冠光寺眞法を主宰、各地の道場にて指導にあたる。

著書に、『人生に愛と奇跡をもたらす神様の覗き穴 』『願いをかなえる「縄文ゲート」の開き方』（ビオ・マガジン）他多数。

◆『保江邦夫』公式ウェブサイト　https://yasuekunio.com

矢作直樹（やはぎ・なおき）

神奈川県生まれ。金沢大学医学部卒業。麻酔科を皮切りに救急・集中治療、内科、手術部などを経験。1999年、東京大学大学院新領域創成科学研究科環境学専攻および同大学工学部精密機械工学科教授。2001年、東京大学大学院医学系研究科救急医学分野教授および同大学医学部附属病院救急部・集中治療部部長。2016年3月に任期満了退官。東京大学名誉教授。

著書に、『人は死なない』（バジリコ）、『おかげさまで生きる』（幻冬舎）、『あらゆるストレスが消えていく50の神習慣』（ワニブックス）他多数。

◆『矢作直樹』公式ウェブサイト　http://yahaginaoki.jp

迫 恭一郎（さこ・きょういちろう）

株式会社アルカワールドならびに、株式会社アルカダイアモンド代表取締役社長。GIA（米国宝石学会）の鑑定士G.I.A.G.G.。

鑑定士としての経験を経て、父親の宝石会社を継ぎ、全国展開の宝石輸入メーカーとして確立。海外にも拠点を置いてグローバルに事業を展開。しかし、日本の宝飾業界に行きづまりを感じ、自社研磨によるアルカダイアモンドをつくり世に送り出す。現在は、5種類のカットで、業界最高のブランドを目指す。

著書に、『あなたはダイアモンド 変わりたいあなたへ』（迫 恭一郎、迫 ミレイ 著・中野 洋子 編集／ビオ・マガジン）がある。

◆『アルカダイアモンド』公式ウェブサイト　https://arkadiamond.com

「からだ」という神様

新時代における心身の癒し方

2019年12月10日　第一版　第一刷
2024年11月26日　第一版　第七刷

著　　者　保江邦夫
　　　　　矢作直樹
　　　　　迫 恭一郎

発 行 人　西 宏祐
発 行 所　株式会社ビオ・マガジン
　　　　　〒141-0031　東京都品川区西五反田8-11-21
　　　　　五反田TRビル1F
　　　　　TEL:03-5436-9204　FAX:03-5436-9209
　　　　　https://www.biomagazine.jp/

編　　集　有園智美
編集協力　中野洋子
デザイン　堀江侑司
写　　真　坂本禎久

印刷・製本　株式会社シナノパブリッシングプレス

ISBN978-4-86588-070-0　C0095